本书是山东省职业教育教学改革研究重点项目"时尚创意
素能共生'通识课程体系构建与实践"（项目编号：2023

优美人生

高职美育教程

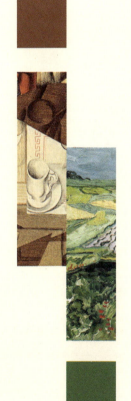

主　编：袁　雷　杨新月

副主编：翟倩倩　董泽建　夏文燕

山东人民出版社·济南

国家一级出版社　全国百佳图书出版单位

图书在版编目（CIP）数据

优美人生 : 高职美育教程 / 袁雷, 杨新月主编 ;
翟倩倩, 董泽建, 夏文燕副主编. -- 济南 : 山东人民出
版社, 2024.9（2025.8重印）
ISBN 978-7-209-15155-9

Ⅰ. ①优… Ⅱ. ①袁… ②杨… ③翟… ④董… ⑤夏
… Ⅲ. ①美育－高等职业教育－教材 Ⅳ. ①G40-014

中国国家版本馆CIP数据核字（2024）第110274号

优美人生：高职美育教程

YOUMEI RENSHENG：GAOZHI MEIYU JIAOCHENG

袁　雷　杨新月　主编

翟倩倩　董泽建　夏文燕　副主编

主管单位	山东出版传媒股份有限公司
出版发行	山东人民出版社
出 版 人	田晓玉
社　　址	济南市市中区舜耕路517号
邮　　编	250003
电　　话	总编室（0531）82098914
	市场部（0531）82098027
网　　址	http://www.sd-book.com.cn
印　　装	济南新先锋彩印有限公司
经　　销	新华书店

规　　格	16开（184mm×260mm）
印　　张	14.5
字　　数	260千字
版　　次	2024年9月第1版
印　　次	2025年8月第2次
ISBN	978-7-209-15155-9
定　　价	59.00元

如有印装质量问题，请与出版社总编室联系调换。

编委会

序 言

随着我国经济社会的发展，人们的精神文化需求更加旺盛，美育在我国受到了空前的重视。但我们应该清醒地认识到，美育不仅是一个理论问题，更多的是一个实践问题——如何将美育付诸实施，我们仍面临多重的挑战。

上述看法并非凭空玄想，而是来自本人过去几年的实际工作。在过去的三四年中，我先后主编了《大学美育》《基础美育》（一到九年级共18册），在研读各种文献的同时，也进行了一些实际调研，得出的综合性结论是，要想有效地实施美育，至少要从如下三个方面下功夫：

第一，对美育概念进行正本清源。美育是"审美教育"的简称，它不能被望文生义地理解为"关于美的教育"，其核心要点是对"审美"的准确理解。我将"审美"解析为"九感"，即感官、感性属性、感觉、感知、感受、感情、感想、感应和感悟等，其中，感想包括想象和联想。九感之间互相促动，认知、反思、判断等理性因素也在这个动态过程中被融合进来。审美教育就是以增强审美素养为核心的感性教育，其实施途径主要是自然审美和艺术审美。在生态文明建设时代，审美教育的落脚点是生态审美。① 从这个基本看法出发，我特别赞同当前所说的"浸润行动"②：感性的培育就像幼苗浸润在春雨中那样，春雨润苗细无声，好学之士如春起之苗，不见其增，日有所长。简言之，美育的核心要义是"浸润感性"——它并不是要给学生传授关于美育的知识，而是让学生的"感性"得到"浸润"，在耳濡目染中潜移默化。这是我们实施美育的出发点。

第二，提升美育教师的素养，使其逐渐具备美育资质。美育毕竟是教育，必须有合格的教师来实施。就目前我国各类学校师资队伍的实际情况来说，真正能够实施美育的教师所占比例很小，任何一个学校都会遇到美育师资短缺的问题。要解决这个问题，不能指望大幅度地壮大美育师资队伍，更为切实可行的途径是发掘现任专业教师队伍的美育潜力，使其逐渐具备美育资质，由他们结合其专业来实施美

---

① 程相占：《美育基本问题的正本清源》，《美育学刊》2023年第1期。
② 《教育部关于全面实施学校美育浸润行动的通知》，教体艺〔2023〕5号。

育。我曾在"课程思政"这种观念的启发下提出了"课程美育"的设想，但目前还没有找到落实的途径。通专融合的师资队伍，支撑课题研究，一方面解决了师资短缺的问题，另一方面与学生的专业密切相关，大大增强了美育课程对学生的吸引力和说服力，可以最大限度地消除将美育课程视为"水课"的污名。

第三，编写切实可行的美育教材。市面上的美育教材琳琅满目，令人眼花缭乱；究竟哪一本教材最适合，常常让人难以选择。中山大学教务部希望我为全校开设美育通选课，我没有贸然答应，至今还在冷静地考虑过程中。因为我虽然已经编出了《大学美育》教材，但我清醒地意识到，判断教材适合与否的标准有两个：教师是否好教，学生是否好学。立意过高、内容过深的教材，从学术上来看固然可取，但从美育实施的实际需要来说，则未必适合。

正是有了上述思考作为背景，当山东人民出版社的张卫玲编辑向我咨询山东轻工职业学院美育教材的编写思路时，我首先研究了该校的特点，然后询问了授课教师的情况，最后才确定了这本教材的思路和定位，即基于生活美学的内在逻辑，以赋能优美人生为教育目标，全书内容围绕"衣、食、住、行、学"的生活美学思路划分为若干项目。我们知道，中文的"生活""生命"和"人生"三个词语，对应的都是一个英文单词"life"，所以，生活美学、生命美学和人生美学虽然在中国美学界是三个不同的术语，但它们无疑具有密切的内在关联。我们希望这部美育教材贴近同学们的生活，减轻同学们对美育的疏离感；健全同学们的生命，让同学们的生命状态更饱满；优化同学们的人生，助力同学们创造成功而幸福的人生。

程相占

2024 年 7 月 4 日于中山大学康乐园

前　言

美是纯洁道德、丰富精神的重要源泉。美育是审美教育、情操教育、心灵教育，也是丰富想象力和培养创新意识的教育。

为深入贯彻习近平文化思想，充分发挥美育的育人价值，引领当代大学生树立正确的审美观念、陶冶高尚的道德情操、塑造美好的心灵情感，成为德智体美劳全面发展的新人，编写者依据2020年10月中共中央办公厅、国务院办公厅印发的《关于全面加强和改进新时代学校美育工作的意见》文件精神，并依托本地文化特色和学校专业特色，编写出《优美人生：高职美育教程》一书。

全书的编写主旨为"基于生活美学的内在逻辑，以赋能优美人生为教育目标"。全书的内容围绕"衣、食、住、行、学"的生活美学思路展开，共分为七个项目：项目一是美育的开篇总论，分别从认识美、感受美、创造美三个方面展开；项目二至项目六，分别从"服饰之美""饮食之美""校园之美""形象之美""文化之美"等做知识普及，使"美"更好地融入大学生的日常学习和生活；项目七则对美的境界进行了升华，重点在于引导学生塑造心灵之美，提高思想境界，更好地成就人生之美，实现优美人生。

本书的编写，采用"项目—任务式"的编写体例，每一个项目，以一个真实的情境引入，并设置一个审美实践任务，让学生带着问题学习美学理论。知识视窗部分，强调相关知识的普及，内容上由浅入深、循序渐进。任务实施板块，以任务与实训引导各专业学生进行创意设计和创新实践，并将作品以图片的形式粘贴于活页留白处，或将视频类作品上传到线上展示平台。本书在拓展阅读与任务拓展板块，力求呈现东方生活美学的方方面面，使学生在理解美的同时，更能体验到中华优秀传统文化的魅力所在。本书将生活之美与美的实践有机结合，注重实践性和创造性，鼓励学生运用所学知识进行审美实践，创造自己的生活之美。

整体来讲，本书有如下特色：

1. 实用实训性强，编写理念新颖

本书摒弃仅仅对学生讲授美学知识与理论的思路，遵循职业教育教学规律和学生学习规律，在简要讲解美学相关知识的基础上，结合本校专业特色，融入实训内容，引导学生在实践中加强对美的认知，提高动手能力和思辨能力，让学生学会"发现美、享受美、创造美"。

2. 立足地域文化，彰显传统文化

充分挖掘和运用地域文化，如齐文化之美、服饰之美、茶文化之美等，使美育根植于传统文化的土壤。在美育的学习与实践中，学生深入体验历史传承，守正创新，使学生充分领略中华优秀传统文化的恒久魅力和时代风采。

3. 依托专业特色，校本特色鲜明

本书的编写，依托山东轻工职业学院专业特色，真正将美育思想融入人才培养，融合课程教育，融汇校园文化。教材内容充分体现出山东轻工职业学院的历史基因、专业特性、文化特色，选取的典型作品富含精神品质，体现出师生的创作活力。

4. 实施专创融合，将美育与专业建设结合起来

为促进艺术学科与专业建设融合，本书打破学科壁垒和界限，挖掘各学科美育元素，加强美育通识类课程建设，培养学生树立热爱生活的理念，懂得从生活中发现美，提升审美能力。

5. 丰富教材内容，打造立体化教材

本书配备了丰富的学习资源，书中的视频资源、图文资源、优秀作品等，以二维码形式呈现在书中。这不仅丰富了内容，方便学生学习，而且有利于教学资源互利共享。

6. 设计精美，给人以美好的阅读感受

结合"美"的主题，整本书的设计富有美感。整本书版面设计精美，图文并茂，舒朗大方，全彩印刷，是一本立体化、互动式、生成性的精品教材。

本书由山东轻工职业学院袁雷、杨新月担任主编，翟倩倩、董泽建、夏文燕担任副主编。参编的教师们长期从事专业教学，为本书的编写提供了鲜活的素材，从专业角度提出了新颖而可行的编写思路。另外，本书的编写，亦得到了企业的指导。在此对合作企业和出版社的大力支持表达谢意。

由于水平有限，书中难免存在纰漏，敬请广大读者批评指正，编者将继续对本书进行修订与完善。

编　者

2024年6月

目　录

探寻生活之美

美是到处都有的，对于我们的眼睛，
不是缺少美，而是缺少发现。

——罗丹

　　美，是一种独特的存在，它无处不在，却又难以捉摸；它既是客观存在，又是主观感受。不论是壮丽的自然景色、实用的日常用品，还是和谐的人际关系，都蕴含着美的元素，它们共同构成了丰富多彩的世界。

　　保持对美的敏感与热爱，用心去感悟，就会获得美妙、愉悦、震撼、崇高等审美体验；发挥想象力和创造力，将美的元素进行巧妙的组合与表达，就会创造出各种各样的美，愉悦身心，美化生活，丰盈生命。

项目目标 ▶▶▶

知识目标

1. 掌握美的本质与分类、审美的情感体验等相关知识。

2. 熟悉生活之美的具体表现、发现美的精神感受。

3. 了解审美的目的、美的直观感受及创造美的路径。

能力目标

1. 能挖掘并记录生活中的美。

2. 能对美的事物进行分析，表达个人感受。

3. 能依靠对美的理解与感知进行艺术创作。

素质目标

1. 具备良好的审美素养。

2. 具备良好的分析与表达能力。

3. 热爱生活，留心观察生活，享受生活。

项目展开 ▶▶▶

为了系统而直观地实现以上目标，该项目按照以下三个工作任务有序化展开。

任务一　探索万物认识美——发现身边的美

任务二　观照内心感受美——说出心中的美

任务三　和合共生创造美——创造生活的美

任务一　探索万物认识美——发现身边的美

情境引入

　　学校融媒体中心正在纳新，考核要求是以"美丽生活"为主题，拍摄一组照片或制作一段短视频，并配以简要的文字说明。如果你想加入，请围绕生活中的衣食住行等方面去创作，以更全面深刻地展现美。

作品赏析

问题驱动

　　1. 什么是美？说一说你心中美的标准。

　　2. 美的事物都有哪些特点？谈一谈你对美的感受。

　　3. 结合日常生活，谈一谈你对"美到处都有"这句话的理解。

知识视窗

　　美是生活，生活是美。美"润物细无声"地渗透在鲜活的生活中，在人们日常生活的方方面面都有美的影子。翻开生动的生活画卷，美无处不在：比如，鉴人貌态的"人之美"，饮馔品味的"食之美"，长物闲赏的"物之美"，幽居雅集的"居之美"，山水悠游的"游之美"，文人雅趣的"文之美"，修身养气的"德之美"，等等。生活美学是一种追求美的生活态度和理念。茶艺、书画、美食乃至社区规划等，都体现出中国生活美学的元素和风尚。

　　审美对象是一种精神食粮，欣赏美是一种心灵体验，对于生活中的美，要有发现美的眼睛，拥有欣赏美的心灵，并且具备创造美的能力。

一、美的本质

（一）什么是美

1. 美的概念

人们对于美的定义经历了一个很长的历史过程。古希腊哲学家对美的理解是和谐、崇高，黑格尔认为"美是理念的感性显现"，车尔尼雪夫斯基提出了"美是生活"。汉字"美"从羊从大，古人以羊为主要副食品，肥壮的羊吃起来味道鲜美，体现了艺术美和现实美的结合。

美究竟是什么，虽然至今仍无法找到一个统一的答案，但美感对于任何一个有意识的人来说都并不陌生。个体对美的感受、美的理解、美的想象才是更加重要的。

从这个角度出发，我们认为美是指能够使人产生积极的情感体验、继而促使人的精神发生积极变化的事物属性。积极的情感体验具体表现为情感愉悦、身心轻松和感觉舒适等积极的精神变化，具体是指人在获得积极的审美体验之后，或是产生了对审美对象的喜爱之情，或是产生了对美好生活的憧憬，或是精神得到了振奋，或是心中有了一种信念等。

在这里，要特别关注美与艺术的关系。很多人认为审美就是艺术审美，这是片面的。艺术是对美进行反映的一类文化样式，也是一种美的载体，但艺术美仅仅只是美的一小部分。美只是艺术反映的对象，不仅不等于艺术，也不一定都适合于艺术。

2. 美与生活

20世纪90年代初，中国学术界明确提出了"日常生活审美化"的概念，用来描述当下中国社会日常生活不断趋于审美化的发展趋势，即审美活动已经超出了纯文学、纯艺术的范围，渗透到广大群众的日常生活中，艺术场所不再仅仅局限于高雅场所，购物中心、街心广场等新样态相继出现。

当今中国社会与文化的变迁，民众对于美好生活的追求，是"生活美学"得以兴起的历史背景。人们所追求的美好生活是"好生活"，更是"美生活"。好的生活是美的生活的现实基础，美的生活则是好的生活的升华。好的生活无疑就是有"质量"的生活，而美的生活则是有"品质"的生活。生活美学就是要以"美生活"来提升"好生活"，以有品质的生活来升华有质量的生活。

（二）美的特点

美的特点主要表现在以下几个方面：

1. 从属性

美是事物的属性，依赖于事物的存在而存在，随着事物的变化而变化。事物无处不在，美也随处都有，但当美依附的事物消失时，美也随之消失。当然，如果美好的事物给人留下了深刻的印象，人们就能够在回忆中体验到一定的美感。比如，海棠花是春天里不可或缺的一抹亮色，给人以美感，也许花谢了它的美就消失了，但见过海棠花开的人回忆起来还是会体验到这种审美的愉悦（如图1-1）。

图1-1 雨后海棠

2. 直觉性

美不论依附于何种事物，不论是以何种形态表现出来，都易于为人们所认识和感受，并且能够直接唤起人的美感体验。例如，一处自然风景，人们一眼看过去就能感受到它的美，继而会产生舒适、轻松等情感反应；看到优雅的茶艺，会产生宁静平和的美感。

正是因为美具有直觉性的特点，美的事物又无处不在，一个人只要具备一定的美丑判断能力，就能随时随地获得美的体验，从而，其热情时刻被唤起，精神常常被激励，理想和信念不断被激活，就会感受到生活的美好。

3. 认同性

同一文化背景下，审美具有趋同性。例如，在崇尚自然这一中国文化思想的影响下，中国人向来以自然本真和朴素为美，不加任何粉饰的浓眉毛、双眼皮、黑头发和红润的嘴唇等，被人们一致认为是"天然去雕饰"的形象之美；浓妆艳抹、衣着奇特等，却得不到人们广泛的审美认同。因此，我们要根据自己的身份、场合和体型打造自己的妆容，做好形象管理。

4. 积极性

美是指事物良善的一面，以对人产生积极的情感体验、改善人的精神状态为突出特点。积极性既是美的核心与基础，也是人们判断美与丑的首要标准。判断一件事物、一种行为或者一类现象美不美，关键在于其对人产生的情感体验是不是积极的，以及能不能改善人的精神状态。如果能，它就是美的；不能，它就不是美的。例如，美术作品通过画面布局、色彩搭配、光线运用、细节描绘等传递出一定的主题和情感，让欣赏者产生或平静、或激动、或豪壮、或悲伤、或喜悦的情绪，触动人们内心柔软的角落或激发人们隐秘的激情。但无论是哪一种情绪，只要能使人感到心灵的震撼和情感的抚慰，就是美的。如图1-2，《千里江山图》构图周密，色彩绚丽和谐，用笔精细入微，画者通过精妙的绘画技巧描绘了千里江山的壮阔景象，山峰层峦叠嶂，奔腾起伏，江水烟波浩渺，平远无尽，美不胜收，给人以豪迈和壮观的感受，激发对大自然的敬畏和赞美之情。

图1-2 〔宋〕《千里江山图》（局部） 王希孟 故宫博物院藏

5. 时空性

任何事物都是在一定的时空中存在的，所以作为事物属性的美具有时空性的特点。例如，百花争艳的盛开景象只有在春季才能出现，硕果累累的收获实景只能在秋天里观赏，这是美的时间性；金色的胡杨美景只有到北方去看，美丽的西湖风景只有到江南去找，这是美的空间性。

二、美的类型

按照美所依附的事物性质来分，大致可以分为自然美和社会美。

（一）自然美

人生活在大自然之中，时时处处享受着天地造化之美。《庄子·外篇·知北游》说："天地有大美而不言，四时有明法而不议，万物有成理而不说。圣人者，原天地之美，而达万物之理。"大自然的美是无穷的，人对自然之美的探究、欣赏之情是无尽的。看中华山水，怎一个"美"字了得——泰山雄伟，华山险峻，黄山奇特，峨眉山秀丽，长江黄河辽远奔腾，东海南海汪洋澎湃，西湖洞庭水光潋滟，滇池"茫茫五百里不辨云与水"……美轮美奂的大千世界，令人心驰神往。

自然美就是产生和存在于自然界中的美，指自然事物、自然现象所呈现出来的美。自然美包括两类：一类是未经人类直接加工改造的，如日月星辰、雨雪风霜、原始森林、浩瀚沙漠、绵绵山岭、茫茫大海以及野生的动植物等（如图1-3）。另一类则是经过人工改造后的自然美。水库、海堤、农田、果园、沙漠防护林、园林花卉等均属于此类，它们已经被不同程度地改变了自然的原有面貌，刻下了人类智慧与才能的印记（如图1-4）。

图1-3　黄果树瀑布

自然美既是一切美的基础，也是人们创造美的基本参照，被人们赋予不同的思想与情感。春天的牡丹、夏天的荷花、秋天的海棠、冬天的梅花，既是自然美的事物形象，同时又都是具有思想美的文化意象。

图1-4　龙脊梯田

（二）社会美

随着社会的发展与进步，人们物质水平与精神文化修养的提高，美学的研究内容已经扩大到生活的各个领域，与追求美好生活相匹配的"生活美学"便应运而生。它以人们的日常生活为研究对象，将生活中的方方面面纳入其研究范围，打破了传统美学所规定的美学边界，改变了以艺术塑造人生的美学传统，出现了"美学生活化，生活美学化"的趋势。

社会美是社会生活显示的美，存在于社会生活的各个领域，贯穿到人们生活的方方面面：

1. 衣：服饰之美

服饰之美在于对人的装扮作用。"轻罗小扇白兰花，纤腰玉带舞天纱。疑是仙女下凡来，回眸一笑胜星华。"（唐·武平一《杂曲歌辞·妾薄命》）寥寥几笔，用小扇、玉带概括地描写出了女子所穿着的服饰，给人以仙女般独特的美感。

广义上，服饰是指人类穿戴、装扮自身的一种生活行为；狭义上，服饰是指衣服上的装饰（如服饰图案、纽扣等）及饰物（如腰带、胸针等）、上衣下裳之外的冠帽、鞋履等。

服饰是人类文化乃至审美文化最早的物态化形式之一，作为人类物质文明的代表，反映了每个地区、每个时代政治、经济、宗教、道德、文化等社会形态，也是人们审美心理、审美意识、审美趣味和审美理想等的外化。如图1-5，秀场上展示的中国风连衣裙，精致的中式刺绣、轻盈的裙摆、淡雅飘逸的材质，配以传统风格的饰品，很好地展现了国人对传统文化的喜爱和传承。

图1-5　中国风连衣裙

伴随着人类文明的发展与进步，服饰作为人类日常生活中的必需品，其美学功能日益显著。服饰美，就是合体、入时、适地、个性。合体，就是得体。服饰必须与着装主体协调，即服饰的面料、款式、色调必须与主体的年龄、身份、肤色、体态、身材相一致；入时，就是服饰必须合乎时代特色，体现时尚性；适地，就是服饰及其着装主体与所在空间的自然的、人文的环境协调；个性，就是因人而异，通过穿着和搭配衣物来展现个人的独特风格和审美观念。

2. 食：饮食之美

中国的饮食讲究"色香味俱全"，饮食有多种不同的类型和档次，但都不同程度地具有以下一些审美要素，并产生相应的美感效应：一是色泽美，饮食的色泽美常给人以鲜明愉悦的第一印象，从而影响人的心理情绪。二是香气美，食物香气扑鼻的愉悦感，是诱发食欲的重要因素。三是味道美，味道美是饮食美的主导因素，一道菜无论色彩如何鲜艳，造型如何精美，如果中看不中吃，是很难受人们青睐的。四是形态美，即食品外观与造型的美，具有悦目怡心、引发联想等美感作用。五是名称美，美食需有美名，雅致巧妙的名称，不仅悦耳动听，而且具有激人联想、耐人寻味的意趣和诱人食欲的作用。六是器具美。美食亦需美器。精美的食器，不仅能美化饮食环境，而且能起到诱发联想，渲染和烘托气氛的作用（如图1-6）。美食，它不仅仅是满足我们味蕾的享受，更是一种心灵的治愈。中国饮食博大精深，本书将以茶文化和中国典型美食为代表，讲述中国饮食之美。

图1-6 美食与美器

3. 住：居住之美

建筑，作为人类生活与情感的承载者，在无形中塑造并提升着我们的生活方式与品质。在浩瀚的建筑领域中，居住类建筑以其独特的魅力，与每个人的日常生活紧密相连，成为我们探索生活美学的重要窗口。

居住之美，首要展现于建筑外观的艺术性上。从古典建筑所呈现的庄重与典雅（如图1-7），到现代简约设计的时尚清新（如图1-8），每一种外观设计都不仅仅是视觉上的冲击，更是对文化底蕴与时代精神的深刻诠释。建筑超越了单纯物质构建的限制，成为传递文化、激发情感的艺术品。

居住之美，还体现于居住空间满足了人们的基本生活需求，如休息、工作、学习、娱乐等。"众鸟欣有托，吾亦爱吾庐。"（晋·陶渊明《读山海经·其一》）这句古诗深刻表达了古人对家园的依恋与热爱，而现代人对美好生活的追求，则赋予了"家"更

图1-7 庄重、典雅的古典建筑

图1-8 简洁、明快的现代居住建筑

图1-9 宁静、优雅的现代简约风格客厅

丰富的内涵。家，不再仅仅是遮风避雨的庇护所，它成为美好生活的起点，是心灵得以栖息的港湾，拉近了人与理想生活的距离。

室内环境，是居住之美的直接体现。一个舒适的室内环境，不仅要有合理的空间布局，更要有和谐的色彩搭配和细致的家具陈设（如图1-9）。淡雅的色彩搭配、简洁流畅的家具线条以及简单的摆件或绿植、开阔和通透的格局，为人们提供了宁静、优雅的生活空间。在这里，每一寸空间都被巧妙地利用，每一件物品都经过精心挑选，它们共同营造出一种温馨、舒适、和谐的氛围。在这样的环境中居住，人们不仅能够感受到生活的便利与舒适，更能品味到生活的美好与精致。居住之美成为生活品质的重要体现，美丽的居住环境不仅能够提升生活质量，还能够反映出居住者的生活态度和审美情绪。

追求更加美好的居住环境，享受居住之美，是人们矢志探寻的目标。本书聚焦于大学校园这一特定环境，引导学生发现多维度的居住之美，学会欣赏校园中自然与人文交织的环境之美，并掌握打造个性化、和谐共生室内空间的艺术与技巧，让学生在享受美好居住环境的同时，也学会创造美、传播美，让生活的每一个角落都充满诗意与远方。

4. 形：形象和行为之美

生活美由许多内容构成，然而生活美的主体是人，人的美不仅在于形，更在言与行。人的外在美和内在美有机统一，才是完整的美、真正的美。如古人所言，"文质彬彬，然后君子"。行之美包括外在美与内在美。其中，外在美包括形体美、容貌美、姿态美、行为美、风度美等；内在美包括蕴涵于内在的性格、品德、思想和情操等，内在的美感结构，主要包括心灵美和性格美。

一个人的穿衣打扮、兴趣爱好，体现了一个人的审美观、价值观和人生追求，但这里有健康与病态的区分，有高雅与恶俗的相异。中国美学认为，审美活动可以从多方面提高人的文化素质和文化品格，最终引导人们拥有高远的精神追求，提升人生境界。

人生经历不同，对人生的领悟也不同，人生境界自然不同。但我们可以做到的是，误入歧途之时可以迷途知返，如日中天之时不可得意忘形，要求别人之时常常反观自身，艰难困苦之时可以汲取力量，以人生之行作为生活美学的奠基。

5. 学：传承文化之美

文化是一个国家、一个民族的灵魂。一个国家、一个民族只有树立高度的文化自信，才能锻造出坚持坚守的定力、奋起奋发的勇气、创新创造的活力，让国家和民族的精神大厦巍然耸立。习近平总书记在中国文联十大、中国作协九大开幕式上的讲话中指出："文化是一个国家、一个民族的灵魂。历史和现实都表明，一个抛弃了或者背叛了自己历史文化的民族，不仅不可能发展起来，而且很可能上演一幕幕历史悲剧。文化自信，是更基础、更广泛、更深厚的自信，是更基本、更深沉、更持久的力量。坚定文化自信，是事关国运兴衰、事关文化安全、事关民族精神独立性的大问题。"

中华民族地大物博，每个地区都形成了自己独特的文化，有着自己独特的历史遗存、文化形态、社会习俗、生产生活方式等。一个地区与另一个地区在文化形态上的不同，才使得我们中华民族的文化呈现多样化。当今，文化已经成为国家和地区发展的重要软实力，为此，传承优秀文化成为我们这一代人的重要历史使命。认知中华优秀传统文化之美，可以先从认识地域文化之美和非遗文化之美做起，结合自己的专业，学以致用，体用贯通，传承创新中华优秀传统文化。

三、发现生活中的美

（一）保持良好心境

发现生活的美，首先要从内心开始。只有具有特定心境的人，才能对特定对象有深切的体验、感悟，把自己的情感融入其中，感受到生活的美。

保持良好的心境是欣赏和感受生活中美好事物的前提。保持良好的心境，专注于生活中的积极方面，对生活持有积极的期待；接受自己的不完美，认识到每个人都有自己的优点和缺点，不要对自己过于苛责，而是要学会宽容自己；保持均衡饮食、适量运动和充足的睡眠，投身于喜欢的活动和爱好，与家人、朋友和同事保持良好的社交关系，避免过度工作和压力积累。同时，要尽量减少消极新闻和社交媒体的影响，避免过多接触可能导致焦虑和负面情绪的信息。

这样的心态，不仅有助于在日常生活中发现美，还能让人在面对挑战时更加坚韧和乐观。

（二）处理好认知和审美的关系

认知是指对世界的理解和认识，它是逻辑的、分析的和理性的；而审美则是指对美的感知和鉴赏，它是直觉的、情感的和感性的。从审美的角度看待对象与从认知的角度看待是不同的。从认知的角度看，朝阳和夕阳不过是因地球在自转的不同阶段与太阳所处的不同空间关系而形成的；而从审美的角度看，喷薄欲出的旭日青春跃动，令人振奋，而洒满晚霞的落日安宁温暖，大美无言。当然，认知和审美并不是相互独立的，而是相互影响和促进的。在它们之间找到平衡，可以让你的生活更加丰富多彩。

（三）拒绝低层次审美

美，这一概念蕴含着感性美与心灵美两个层次。感性美，常被人们直观理解为好看、好听等外在形式的美，它属于美的基础层面，但仅停留于此，则未能触及美的完整内涵与本质。真正的美，即便是感性层面的展现，也需有高远精神境界作为支撑，这体现了美的超功利性特质。

《道德经》有云："五色令人目盲，五音令人耳聋。"若人们一味贪图感官享受，会玩物丧志。当前社会，部分所谓的"五色""五音"等感性美元素，往往缺乏深刻的精神内涵，难以有效提升公众的审美能力和审美品位。尤为令人担忧的是，一些色情、暴力及低俗广告语等文化糟粕充斥于人们的日常生活，对判断力尚不成熟的青少年群体构成了显著的负面影响。

纯感官的享受，如视觉、听觉乃至味觉、嗅觉上的愉悦，若要被视为审美体验，必须蕴含精神性或社会性的价值。单纯追求生理快感的审美观念，实则偏离了审美的正道。真正的审美快感，应超越单纯的感官满足，融入心灵的愉悦与升华。

因此，我们需明确区分审美的心灵愉悦与纯粹感官享受之间的界限。那些仅停留在感官刺激层面的美感，不能算作真正意义上的美。在追求美的过程中，我们应倡导一种更高层次的审美追求，即将感性美与心灵美相结合，实现审美体验的全面与深刻。

（四）处理好现实审美和虚拟审美的关系

随着计算机技术的不断发展，影视艺术、电子游戏的创作和生产都发生了深刻变革。虚拟影棚、虚拟角色、全息影像、动作捕捉等数字虚拟技术的应用，使得虚拟情境之美、意境之美给大众带来了全新的视听体验。网络虚拟空间更是为人们塑造了一种全新的社会环境和生活空间，深刻影响了人们的交往方式。

在这个虚拟空间与现实空间交织的时代，如何处理好虚拟空间的审美尤为重要。我们要强化在现实世界的存在感，在现实世界中建立健康的人际关系，主动与他人沟通、交流。如积极参与户外活动来增加我们与世界的接触；感受日出日落，踏遍万水千山，不仅能增强人们的身体感知能力，还能提高人们的审美敏锐度。

英国文学大师毛姆说："一个人能观察落叶鲜花，从细微处欣赏一切，生活就不能把他怎么样。"欣赏美好事物的时候，人们的心灵会感受到愉悦和满足。这种美好的心境不仅能帮助人们放松心情，减轻压力，还能够激发人们的创造力和想象力、提升审美能力和品位。拥有美好的心境时，人们会更加乐于与他人分享快乐，这有助于人们建立和谐的人际关系，提升社交能力。

学会欣赏生活中的美好，让审美成为自然，让美好的心境成为生活的常态是每个人都应该学习和实践的"必修课"。

任务实施

展现生活之美

步骤1：明确要表达的主题。从日常生活的衣食住行中选择自己要拍摄的内容。

步骤2：确定形式。明确拍摄组图还是视频。

步骤3：沟通细节。与相关人员做好沟通，确保拍摄质量。

步骤4：进行拍摄。选择合适的拍摄角度和光线条件，以达到最佳拍摄效果。

步骤5：编辑制作。对拍摄素材进行剪辑或选择，添加标题、文字说明、背景音乐和音效，按照要求对作品进行格式转化。

具体要求：图片格式为JPGE文件；视频画质为1080P，画面比率为16∶9，MP4格式，时长为3分钟以内。

步骤6：发布上交。作品完成后，可将图片作品粘贴到"作品展示区"，或将视频上传到线上展示平台。

步骤7：反馈优化。留意师生的评论和建议，总结经验与不足之处。

作品展示区

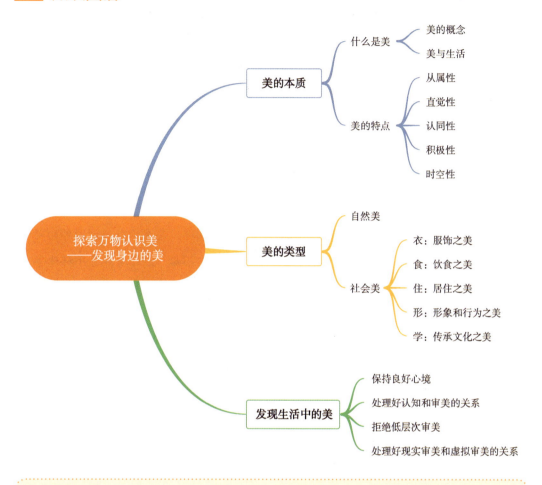

| 拓展阅读 |

"国风热"席卷青年圈　传统文化在新时代焕发新生

近年来，"国风热"在年轻人中悄然兴起，一股传统文化热潮席卷全国。"新中式"服装成为越来越多年轻人的"心头好"，"围炉煮茶"成为青年社交新宠，跳古典舞、制作古风美食、练"八段锦"、学非遗技艺，这些"国风"凭借其独特的文化韵味和丰富的表现力，迅速在青年群体中"圈粉"。

"国风热"的兴起，源于中华优秀传统文化的魅力。"国风"之所以能在青年群体里破圈而出，是因为它唤醒了年轻人血脉中熟悉的文化元素，而这些文化又根植于丰厚的中华文明之中，深厚的根基催生了不绝的活力。中华优秀传统文化基于源远流长的中华文明，融于人们的精神世界和日常生活中，有着其他文化没有的深厚根基和天然的亲和力。在现代社会，快节奏的生活让人们越来越渴望寻找一份宁静，追求精神世界的丰盈，而"国风热"正是满足了人们内心的这一需求。当年轻人们追寻着新"国风"热潮的时候，其实也是在探寻和挖掘中华优秀传统文化的内在魅力。

"国风热"背后的文化认同，是青年一代的深度探索。回望20世纪八九十年代的中国，牛仔裤、喇叭裤、摇滚乐、迪斯科舞等等带着西方文化色彩的着装、音乐及舞蹈等曾经是当时年轻人的时尚标榜。而现如今，汉服、唐装、马面裙成为青年人时尚的新宠。一些曾经人们在电视剧中才能看到的中国古代着装，如今在日常生活中也常常能看到年轻人穿着。一些海外的中国留学生也将汉服作为自己毕业典礼的服饰。不仅是服装，古风美食、文化旅游，甚至于兴起于国外的动漫、乐高等，都跟上了这股"国潮"，被赋予了"中国风"，且深得青年群体喜欢。这些文化现象从某种程度上，也代表了如今青年的审美趋势，那就是回归传统文化。

"青春"与"国风"，是传统文化的新生力量。"国风热"是传承，更是对未来的期待。推动"国风"热潮的主力是青年，有了青年的加入，传统文化也在创新中焕发出了新的生命力。以传统工艺为例，在现代设计理念的融入下，越来越多的传统工艺品展现出新的风貌。以剪纸为例，这个有着千年历史的传统技艺，正在被新一代青年赋予新的生命力。他们通过学习剪纸技艺，将现代的元素融入其中，将剪纸艺术用于服装设计、家居装饰等领域，创作出具有现代审美和创意的作品，使得剪纸艺术在传承中得以创新，让传统工艺在现代生活中得到了全新的应用，焕发出新的活力。再如，传统茶艺也在创新中找到了新的发展空间。传统的茶艺往往以泡茶、品茶为主，但在现代社会，茶艺师们通过创新，将茶艺与现代生活相结合，如将茶艺用于餐饮、旅游、表演等领域，让传统文化在现代生活中得到了全新的应用。还有我国各种非遗工艺，青年一代在这些传统技艺的守护和创新中扮演着举足轻重的角色……

"国风热"的兴起，不仅为传统文化的传承注入了新生力量，也为年轻人提供一个展示自我、表达自我的舞台。在这个舞台上，年轻人可以将传统与现代相结合，创造出属于自己的国风文化，甚至将丰富的传统文化资源与现代产业相结合，开创出独具特色的"国风经济"。新一代的青年，正在以全新的方式让国风文化焕发青春，同时又从国风文化、国风生活中得到精神的滋养。当青春的风华正茂和国风的韵味悠长相互交织，我们有理由相信传统文化的魅力将依旧在新的时代熠熠发光。

（节选自《"国风热"席卷青年圈　传统文化在新时代焕发新生》，作者曾姗姗，光明网2024年6月6日刊）

| 任务拓展 |

中国传统艺术起源于新石器时代，这一时期的彩陶纹饰和岩画虽然技巧原始，但已经展现出先民对美的追求。经过数千年的发展，中国的艺术家们创造了无数令人叹为观止的艺术作品，如：琴棋书画、戏曲、皮影戏、剪纸、泥塑艺术、编织工艺、木偶、漆画、陶瓷和刺绣等。这些传统艺术不仅体现了中国的历史文化和民族特色，而且有着悠久的传承和丰富的形式，蕴含着极高的美学价值和审美特征。

你最喜欢哪一种传统艺术？搜集这一传统艺术的相关资料，以PPT的形式介绍这一传统艺术的起源、发展、代表人物及其作品等信息，并分析这一传统艺术美在哪里。

任务二　　观照内心感受美——说出心中的美

情境引入

美，无处不在。美，在每个人的心中不尽相同。它可能是一处风景、一种情感、一段回忆。这些美好的事物让我们感到幸福和满足，也让我们更加珍惜和感激生活中的点滴。你可以与你的同学、朋友、家人分享这些美好的瞬间和感受，提升对美的感知，增进彼此之间的交流，共同创造更加美好的世界！在发现美的同时，请你用心体会，表达你对美的真实感受，其表现形式可以是一次口头分享、一次书面表达或一件数字媒体作品等。

作品赏析

问题驱动

1. 你心中美好的事物或人物有哪些？

2. 当你说出心中的美，与他人分享时，你认为有哪些意义？

 知识视窗

美的表达是人们精神生活的重要组成部分，它不仅提供了感官的愉悦和情感的体验，更承载了深远的意义和价值。通过说出心中的美，人们能够更好地领略美的魅力，丰富精神世界，提升生活品质，并实现自我完善和社会进步。

一、"说出美"的意义

（一）个体层面

1. 获得精神上的满足与愉悦

通过分享与表达，人们可以沉浸在美的世界中，感受到美的力量和美好。美所蕴含的情感、意境和创造力，能够激发人们的共鸣和感动，使人们在精神上得到满足和愉悦。它不仅来自感官的享受，更来自人们对美的深入理解和领悟。

2. 实现情感上的交流与沟通

说出心中的美，分享彼此的感受和体验，可以增进人们之间的理解和共鸣。美作为一种共同的语言，可以跨越语言和文化的障碍，使人们在情感上产生共鸣和联系。它有助于彼此之间建立深厚的人际关系，促进和谐与团结。

3. 利于认知上的拓展与提升

美往往蕴含着丰富的知识、思想和哲理。通过发现美、解读美，人们可以接触到不同的文化、历史和社会背景，拓展自己的认知视野。同时，各种美所展现的创新思维和创造力，也能够激发人们的想象力和智慧，推动不断追求进步和创新。

4. 激发自我意识与追求

人们追求服饰之美、饮食之美、居住之美、形象之美等，并呈现出独特风格和个性特点，能够激发人们的自我意识和自我追求。通过说出心中的美，人们可以表达自己的个性和情感，也能够培养审美情趣和鉴赏力，提升个人的文化素养和审美水平。

（二）社会层面

1. 文化传承与创新

通过说出心中的美，人们可以更好地了解和传承历史文化、民族传统和社会主义核心价值观等，维护文化的多样性和丰富性。同时，也带动人们创新和实验，推动艺术形式和表现手法的不断发展，为文化传承注入新的活力和创意。

2. 社会凝聚与和谐

人们在说出心中的美的同时，也在传递美的价值观，这样能够激发参与者的共鸣和认同，增强社会凝聚力和向心力。此外，人们进行美的分享，增进了不同社会群体、不同民族之间的理解和融合，超越分歧和冲突，有利于共同追求和谐与美好的社会。

3. 人文教育与提升

说出心中的美，与他人分享美的感受，可以培养人们对美的敏感度和鉴赏力，提升人文素质，培养人们的创新思维和创造力，推动个人和社会的全面发展，激发人们对美好生活的追求和对社会责任的担当，促进社会的文明进步与和谐发展。

4. 经济发展与繁荣

说出心中的美，通过美的表达、美的展示等活动，可以促进人们创造和欣赏美，推动艺术品市场的繁荣和发展，促进文化旅游等相关产业的发展，从而对经济发展和文化产业的繁荣起到重要的推动作用。

二、"说出美"的层次

（一）说出美的直观感受

说出美，首先表达的是具有瞬时性、直观性、情感性、个体性的直观感受，这种直观反映可以激发人们的审美兴趣，促进审美体验，引导审美评价。那么，人们如何培养和提高对美的直观反应能力呢？可以参考以下几点：

1. 增强发现美的能力

通过训练和实践，提高对美的敏锐度，用心去捕捉事物的细微特征和变化。

2. 拓展审美视野

走出教室，走进自然，接触不同类型和风格的美的事物，拓展审美视野，提高对不同美的认知和感知能力。

3. 提升情感表达能力

通过说出心中的美，提升情感表达能力，更加准确地传达对美的感受和理解。

4. 培养审美判断力

在说出心中的美的活动中，要对美的事物进行深入分析和评价，培养独立的审美判断力和鉴赏能力。

夕阳下的海边（如图1-10），余晖洒在海面上，波光粼粼，仿佛能听到海浪轻轻拍打着岸边的声音和海鸥振翅的声响。画中的色彩渐变自然，光影的处理也恰到好处，让人仿佛置身于那美丽的海滨，感受到了夕阳的温暖与宁静。这种直观感受让我们对美有了更深的认识和体验。

图1-10　夕阳下的海边

（二）说出美的情感体验

美带给每个人的情感共鸣是不同的，具有个性化的特点。说出美的情感体验，可以深化人们的审美理解，增强审美享受，促进审美创造。要培养和深化这种情感体验和表达能力，可以从以下几个方面培养：

1. 提高审美素养

进入美的环境，学习和欣赏优秀的艺术作品，更深入地理解和感受美的内涵。

2. 投入情感

在欣赏美的事物时，需要全身心地投入，将自己的情感投射到审美对象中，与之产生情感共鸣。

3. 反思与分享

与他人交流自己的情感体验和感受，以深化对美的理解和感受。

在一场交响音乐会上（如图1-11），人们感受到了音乐所传递的深厚情感。演奏家们用精湛的技艺演奏出一曲曲动人的乐章，那旋律时而激昂，时而柔和，仿佛在诉说着人生的喜怒哀乐。闭上眼睛，任由音乐的力量穿透心灵。在那一刻，人仿佛与音乐融为一体，感受到了它所传达的情感与力量。

图1-11　交响乐音乐会

（三）说出美的精神感受

美带给人的精神感受具有深度性、个性化、超越性的特点。如老子所言，"大音希声，大象无形"，审美是对道的体察和感悟，它可以提升人们的审美水平，塑造人们的精神境界、激发人们的创造力。说出美的精神感受，可以从以下几个方面培养：

1. 深入体验

深入体验和感受审美对象的内在精神和情感表达。

2. 深入思考

运用理性思维，对审美对象进行深入分析和思考，理解其内在的逻辑结构和意义。

3. 拓宽视野

拓宽自己的艺术视野，接触和欣赏不同类型的美，丰富自己的精神体验和感悟。

4. 培养人文精神

注重人文素质的培养，关注人类精神文化和中华优秀传统文化的传承和发展，提升自己的精神境界和审美追求。

在一个宁静的午后，人们漫步在公园的小路上，阳光透过树叶的缝隙洒在地面上，形成斑驳的光影（如图1-12）。人们放慢脚步，静静地欣赏着周围的景色。花儿在微风中轻轻摇曳，散发出淡淡的香气，仿佛在诉说着它们的故事。树叶在阳光的照耀下闪着翠绿的光芒，显得生机勃勃。闭上眼睛，深深地呼吸着清新的空气，感受着大自然的美丽与和谐。那一刻，人们仿佛与自然融为一体，心灵得到了净化与升华，感受到了一种难以言表的愉悦与宁静，仿佛所有的烦恼和忧虑都被抛到了九霄云外。

图1-12　父子在公园散步

（四）说出美的思想转变

对美所带给人们思想转变的陈述，可以深化人们对美的理解、拓展审美视野，触及人们的心灵。可以尝试从以下几个步骤进行思想转变的分析：

1. 提出问题

在美的感受、美的体验中，有意识地提出针对性的问题，引导自己的思考和分析。

2. 搜集资料

搜集相关美的背景资料、历史背景、文化内涵等，为思想分析提供充分的依据和支持。

3. 逻辑推理

运用逻辑推理和辩证思维，对美进行深入的分析和解读，挖掘其内在的逻辑结构和思想内涵。

4. 归纳总结

对分析结果进行归纳总结，提炼出审美对象的核心思想和价值观念，形成自己的思想见解和审美力。

《人民的名义》是一部反映社会问题的影视剧（如图1-13），通过跌宕起伏的故事情节以及演员炉火纯青的表演，让人们对当今社会的一些现象和问题有了更深入的思考。人们开始思考这些问题背后的原因和解决方法，也开始反思自己在社会中的角色和责任。这种审美体验不仅让人们欣赏到了影视作品的艺术价值，更让人们在思想上得到了成长和进步。

图1-13　电视剧《人民的名义》海报

通过说出心中的美的直观感受、情感体验、精神感受以及带来的思想转变，人们就可以比较充分地与同学、朋友、家人分享美好的瞬间和感受，共同提升对美的感知能力，增进彼此之间的交流。

任务实施

说出校园生活美

步骤1：明确完成任务的主题与目的。

以演讲的形式分享个人对校园生活美的理解，激发听众对校园生活的热爱和珍惜之情。

步骤2：收集素材与构思。

回忆并整理自己在校园生活中的美好经历，如学习、活动、友情等方面的故事。收集关于校园生活美的相关素材，如名言警句、感人故事等，以备引用或作为论证依据。构思演讲的大纲，确定各个部分的逻辑关系和先后顺序。

步骤3：撰写文字稿或视频脚本。

描述校园生活美的具体表现，可以从多个角度入手，如学习之美、友情之美、活动之美等。结合个人经历，讲述自己在校园生活中的成长与变化，可引用相关素材或案例，增强演讲的说服力和感染力。结尾部分，注意总结文稿的主要观点，强调校园生活美的价值和意义。发出呼吁或倡议，鼓励听众珍惜校园生活，积极追求美好未来。以简洁有力的语言结束演讲，给观众留下深刻印象。

步骤4：修改与完善。

仔细阅读演讲稿，检查语言表达是否流畅、自然，是否存在错别字或语法错误。调整段落结构和句子顺序，使演讲更加连贯和富有条理。适时添加一些幽默元素或感人细节，使演讲更具吸引力和感染力。

步骤5：练习与准备。

多次练习演讲，熟悉内容并提高表达能力。准备必要的道具或辅助材料，如PPT、图片等，以增强演讲效果。调整心态，保持自信和从容，为正式演讲做好充分准备。

作品展示区

知识图谱

```
                                      ┌─ 个体层面
                          "说出美"的意义 ┤
                                      └─ 社会层面
观照内心感受美
——说出心中的美
                                      ┌─ 说出美的直观感受
                                      ├─ 说出美的情感体验
                          "说出美"的层次 ┤
                                      ├─ 说出美的精神感受
                                      └─ 说出美的思想转变
```

| 拓展阅读 |

说出心中的美——中文之美能有多惊艳

如果让你来形容中文之美

你会如何诉说

是豪放与含蓄兼具

生动同简洁并存

是读起来朗朗上口

写起来行云流水

中文之美

早已流淌在四季的更迭变化中

浸润于我们生活的方方面面

中文的名字美

美在人名

扶苏　许棠　陆羽　秦观　晏殊

霍去病　温庭筠　李清照　林徽因　沈从文

司马相如　上官婉儿　纳兰容若　仓央嘉措

美在地名

是苏州也是姑苏，是西安也是长安

是灵隐寺、华清池、什刹海、趵突泉

是苍山洱海、凤凰古城、东方明珠、梅里雪山

是八达岭长城、黄果树瀑布、蓬莱阁仙境、帕米尔高原

美在时间的别名

夜半是子夜

日出是破晓

日末是黄昏

美在大国重器的命名

首辆火星车叫"祝融"，月球车叫"玉兔"

空间站叫"天宫"，深海载人潜水器叫"蛟龙"

火箭发射是"神舟"，卫星导航是"北斗"

中文的颜色美

沈、碧、翠、苍、靛、黛

梅染、茶白、落栗、薄柿、酡颜

若草、缃色、竹青、苏芳、月白

天水碧、远天蓝、暮山紫、鸢尾兰

中文的结构美

踌躇、琴瑟、篱笆、蜻蜓、峥嵘

洋洋洒洒、芳草萋萋、缱绻缠绵

中文的音韵美

美在多音不同义

屏：可以是屏（píng）风，也可以是屏（bǐng）气凝神

乐：可以是音乐（yuè），也可以是喜乐（lè）

重：可以是重（chóng）叠，也可以是重（zhòng）于泰山

美在对仗

云对雨，雪对风，晚照对晴空

春对夏，秋对冬，暮鼓对晨钟

春日园中莺恰恰，秋天塞外雁雍雍

秦岭云横，迢递八千远路

巫山雨洗，嵯峨十二危峰

中文的形容美

形容遗憾可以是"失之交臂""追悔莫及"

也可以是"物是人非事事休，欲语泪先流"

形容漂亮可以是"楚楚动人""倾国倾城"

也可以是"回眸一笑百媚生，六宫粉黛无颜色"

形容愁绪可以是"黯然神伤""郁郁不乐"

也可以是"问君能有几多愁？恰似一江春水向东流"

文字美

是甲骨文到简体楷书的数千年演变

也是时间长河里汉字的历久弥新

是文言文的简短有力

也是说白话文的直击人心

是淮河以南的吴侬软语

也是秦岭向北的豪迈洒脱

让我们一起感知

从这片神奇土地中孕育出的文字究竟有多美

（节选自《一起领略！中文之美能有多惊艳》，光明网2024年4月20日刊）

| 任务拓展 |

音乐是心灵的语言，它能够跨越语言和文化的障碍，直接触动人心。请你结合实际，撰写一篇"说出心中的音乐美"为主题的稿件，分享那些美好的旋律，让音乐的力量温暖每一个人的心灵。

作品要求：

1. 稿件需为原创作品，内容真实、情感真挚，能够引发读者的共鸣。

2. 文字流畅、简洁明了，具有一定的文学性和艺术性。

3. 稿件字数在500—1000字。

任务三　和合共生创造美——创造生活的美

情境引入

光阴荏苒，你已在学校度过了一段美好时光，教学楼里的孜孜不倦，图书馆里的凝神静心，运动场上的挥汗如雨，都被一一珍藏在心中。你是否想将这段美好的时光与家人和朋友一起分享？请按照标准尺寸设计制作一张突出学校特色的明信片，作为特别的礼物送给他们。

作品赏析

问题驱动

1. 你认为美的创造路径有哪些？
2. 你认为创造美的方法有哪些？
3. 创造美要经历哪些过程？

知识视窗

有人认为创造美需要天分，但其实每个人都是生活的艺术家。搭配得体的服饰，描绘精致的妆容，烹制可口的饭菜，布置舒适的房间，调整良好的心态，都是在创造生活之美。将生活中的美好时刻定格下来，其中蕴含着无尽的创意和可能。有物，有情，有文，形成一种审美观照，忧乐圆融的生活艺术。

一、美的创造路径

（一）感知自然之美

人与自然是共生的关系。人类作为自然界的一部分，与大自然相互依存、相互影响。审美是人与自然关系中的一个重要方面。自然之美常常以其独特的形态、色彩、声音等感性形象触动人们的心灵，引发人们的审美感受。把自然作为审美对象，通过感官体验来感知千姿百态的自然之美，激发人们的创作灵感，有以下几种方式：

1. 走进自然

图1-14　海面上的夕阳

山川湖泊、花草树木都以直观的形式呈现不同的美，置身其中，能够感受到自然的壮丽景色。观察树叶的纹理、鸟儿的飞翔、花朵的绽放等细节，会带来独特的视觉和触觉体验；倾听风吹过树叶的沙沙声、水流潺潺的声音、鸟儿的歌唱等自然声音，既可以陶冶情操，荡涤心灵，又可以激发联想和想象，创造出富有生命力的作品。

如图1-14，海面上的夕阳，霞光万里海天一色，能够使人感受到大自然宁静的美。

2. 参与户外活动

忙碌的生活会给人们带来压力、焦虑等负面情绪，而接触自然、参与户外活动，如徒步、摄影、野营等，可以使人们在欣赏自然之美的同时，放松心情、缓解压力，提升生活质量（如图1-15）。这种身心健康的状态有利于人们更好地投入到创造美的活动中。

通过感知自然之美，人们可以更好地理解自然与人类的关系，以及自然对人类生活的影响。这种理解可以激发人们保护自然、珍爱生命的情感，从而创造出更加具有人文关怀的作品。

图1-15　户外骑行

（二）营造生活环境之美

生活环境是人们每天生活、工作和娱乐的场所，它直接影响着人们的心情和生活质量。营造生活环境之美，意味着营造一个舒适、和谐和充满美感的生活空间，这既关系到物质层面的装饰与布置，也涉及整个生活环境的氛围和品质。营造生活之美的主要途径为：

1. 设计舒适的生活空间

合理规划生活空间，让各个区域都有其特定的功能，可以方便我们的生活。如，

图1-16　温馨舒适的卧室

厨房应有足够的储物空间，客厅应有舒适的座椅和娱乐设施，卧室则应是宁静的休息场所（如图1-16）。通过合理布局，人们的居家生活更加便利和舒适。同时，根据房间的功能和大小选择合适的家具、灯具、窗帘等，能够营造温馨、和谐的生活氛围。

2. 打造风格化生活环境

每个人的生活环境和品味都是独特的，在日常生活环境中可以通过选择独特的装饰品、家具或艺术品等个性化元素来体现自己的风格，也可以通过调整色彩搭配或照明方式来营造独特的氛围。这种家居装饰色彩风格统一，氛围独特（如图1-17）。

营造生活环境之美，可以使人们保持积极健康的心态，对生

图1-17　风格化的家居

活充满热情和信心，提升生活质量，增强幸福感，传递正能量，使生活更加美好和充实。

（三）体验艺术之美

艺术是审美集中而典型的形态，其美感既直接又潜在地影响着人的心理与精神气质。体验艺术之美的主要方法有：

1. 欣赏艺术作品

艺术作品如绘画、音乐、舞蹈、电影等，通过欣赏其独特的表达方式和情感传递，人们能够体验到美的力量和魅力。欣赏艺术作品的方法包括观察、分析和解读。通过仔细观察作品的形式、色彩、构图等元素，可以深入理解创作者的创作意图以及所表达的情感。同时，还可以将不同的作品进行比较，发现它们的异同点，从而拓宽艺术

视野，提升审美能力和创造力，以更加敏锐地挖掘生活中的美好。装置艺术作品《柿柿如意》（如图1-18），远景利用草木染艺术形式勾勒出连绵群山，近景则以琉璃技艺展示挂满枝头的柿子和点缀在翠绿草地上星星点点的蘑菇来表现收获的场景，传达出丰收的美好与喜悦之情。

图1-18　草木染与琉璃综合装置艺术——《柿柿如意》

2. 创作艺术作品

创作灵感往往来源于日常生活、个人情感与兴趣爱好等，以身边的小事、美丽的风景或某种强烈的情感体验作为切入点，以绘画、音乐、摄影等形式为媒介表现出来。在创作过程中，我们能够更深入地了解艺术的美感和表现力，提升艺术鉴赏力、艺术技能和创作能力。

欣赏艺术作品，可以让人们感受到美的存在，丰富感官体验，激发情感共鸣。创作艺术作品，可以表达自己的情感和思想，发挥创造力和想象力，实现自我价值。在欣赏与创作艺术作品的过程中深入体验艺术之美，既能够使人们的生活更加丰富多彩，还能够让人们的心灵得到滋养和升华。

二、美的创造方法

创造美是将人们的观点、想象和情感转化为具有吸引力的、能够触动他人内心的作品或体验。呈现形式可以是一幅画、一首歌曲、一篇文章，甚至是一种生活态度或行为方式。那么，如何创造美呢？具体有以下四种方法：

（一）借鉴与模仿

借鉴与模仿是创造美的基础。借鉴与模仿优秀作品的创意、技巧、风格和表现方式，可以体验创造美的过程，深入了解美的本质和规律，激发创造力和想象力。

借鉴与模仿只是起点，而不是终点。在创造美的过程中，还可以通过阅读相关书籍、学习艺术课程、欣赏展览等方式来丰富自己的知识和技能，发现新的表现方式和技巧，为后续创造出具有美感的作品做准备。

（二）创意与想象

创意和想象是创造美的关键。创意和想象能够激发人们的创造力和探索精神，打破常规，不断尝试新的技巧和风格。在创造美的过程中，充分发挥自己的创意和想象力，将不同的元素进行组合和重构，从而创造出更具个性和独特性的作品。

（三）情感与表达

情感是创造美的源泉。将情感融入创作，可以使作品更生动、感人，增强作品的艺术感染力。艺术作品通过情感表达，引发受众共鸣，这种共鸣使情感的沟通与交流超越了语言和文化的界限。

通过艺术创作，人们可以将内心的情感转化为具体的形象或声音，从而实现对情感的宣泄和净化。这种情感的释放有助于个体的心理健康和情感平衡。同时，不同的观众可能会有不同的理解和感受，这也是艺术作品的魅力和深度所在。

（四）跨界与融合

跨界与融合是创造美的重要趋势。通过跨界与融合的方法进行艺术创作，能够打破传统艺术的界限，拓宽艺术的表达方式和观众的理解范畴，创造出更加丰富和多元的艺术作品，推动艺术创新和发展。同时，也能使作品更具包容性和创新性，为创作者和受众带来更多的可能性。

2021年七夕节，河南卫视播出的《七夕奇妙游》节目中的舞蹈《龙门金刚》大放异彩。舞蹈以龙门石窟为实拍背景，以石窟中的飞天和金刚为表现对象，运用空中威亚、360度摄影以及AR技术，让舞蹈演员在卢舍那大佛的注视下翩翩起舞。刚柔并济的表演，将古风舞蹈与龙门石窟的历史文化相融合，产生独一无二的视觉冲击力。运用数字科技，实现了雕塑与舞蹈的跨界与融合，也推动了文物资源的创新性转化和创造性发展。

扫码观看
舞蹈《龙门金刚》

三、美的创造过程

美的创造过程，是在创作者进行审美判断和评价的基础上，运用艺术语言创造出具有审美价值的艺术世界。它包含创作者对美的理解、构思、表达和实践等多个环节。

（一）寻找灵感

美的创造通常始于创作者的灵感。灵感是创作者独特审美能力的重要体现，是在创作过程中呈现的特殊心理与精神状态，是创作者把自我投入到审美创造过程中体现出的主观精神状态。灵感来自生活体验、自然景色、人物特征或社会事件等。创作者通过观察、体验和思考等方式，将灵感转化为创作的素材和动力。寻找创作灵感有以下方法：

1. 观察与体验：创作者可以通过细致的观察和体验来发现灵感。观察自然、人物、建筑或艺术品等，注意细节，从中寻找创作的灵感来源。同时，体验不同的文化、艺术活动和社交场合，拓展自己的视野和感知能力。

2. 自我反思：创作者可以通过自我反省，探索情感、经历和观念等，深入了解思想和感受。通过自我反思可以激发创作灵感，创作出更有深度和内涵的作品。

3. 旅行：旅行可以让创作者接触新的环境和文化，拓宽视野，激发灵感。

4. 交流：创作者可以通过参加艺术活动、工作坊和研讨会等，与其他创作者互动，分享经验和技巧。此外，与观众互动也可以帮助创作者了解观众的需求和喜好，从而创作出更符合观众口味的作品。

5. 阅读：阅读是获取灵感的重要途径。创作者可以通过阅读相关书籍、文章和艺术评论等，了解不同领域的知识和思想，为创作者提供新的视角和思考方式，激发创作灵感。

6. 尝试新事物：创作者可以通过尝试新事物来激发灵感。包括尝试新的材料、工具和技术，探索不同的艺术风格和表现方式等。这些尝试可以让创作者发现新的创作可能性，拓宽艺术领域。

灵感的启发需要创作者保持开放的心态和敏锐的洞察力，通过多种方法和途径来激发创意和灵感，提升审美感知能力。

（二）构思

构思是创造美的重要环节，是创作者在对客观世界审美感知和体验的基础上，融汇主观思想、情感、愿望和理想，在头脑中经过艺术创造形成审美意象的过程，能够将灵感转化为具体的创造方案。构思的目的在于创作高度理想化的艺术形象。构思的方法主要有：

1. 素材收集与整理：创作者需要收集与创作主题相关的素材，并进行整理和分析，素材来自生活观察、书籍阅读和图像资料等。

2. 思想的融入：构思需要创作者将自己的思想融入其中。创作者应思考要通过作品传达什么思想，并将其融入构思。作品才会更具深度和内涵，更能触动观众的心灵。

3. 形式探索与实验：构思需要创作者对艺术形式进行探索与实验。创作者可以尝试不同的材料、工具和技术，探索适合表达创作主题的形式。同时，也可以借鉴其他艺术领域的表现方式，进行跨界的创作尝试。

4. 提炼与重构：创作者在构思过程中，将复杂的素材和细节进行提炼与概括，突出主题的特征和意义。重构则是创作者将不同的素材、形象和符号等进行融合与创新，创造出独特的艺术形象。

5. 创作计划与草案：创作者在构思过程中，制定创作计划和草案，可以帮助创作者更好地规划作品的结构、布局和表现形式。同时，使创作者在创作过程中保持清晰的思路，避免偏离主题或迷失方向。

构思需要创作者具备丰富的想象力和创造力，通过多种方法更好地将灵感转化为具体的审美意象。

（三）传达

传达是创造美的重要环节，是创作者将构思好的审美意象转化成可感知的审美形象的创造性实践过程。它关系到创作者如何运用艺术语言和技巧将作品中的情感、思想和内容有效地传达给受众。具体方法有：

1. 选择适当的艺术媒介：创作者需要选择适合表达创作主题和情感的艺术媒介。不同的艺术媒介具有不同的特点和表现力，如绘画、雕塑、摄影、电影和音乐等。创作者应该根据自己的创作需求和观众接受习惯来选择合适的艺术媒介。

2. 运用艺术语言和技巧：创作者需要掌握和运用艺术语言和技巧，如线条、色彩、构图、光影和旋律等。通过巧妙地运用可以更好地表达自己的情感和思想，增强作品的表现力和感染力。

3. 注重形式与内容的统一：形式是指作品的艺术表现和构成方式，内容则是指作品所表达的情感、思想和主题。创作者通过艺术构思和传达手段，将形式与内容有机地结合起来，使作品在视觉上呈现出独特的艺术效果。

4. 考虑受众接受习惯：艺术传达需要考虑受众的接受习惯。创作者应该了解受众的审美需求、文化背景和接受方式，从而选择合适的传达手段和方式，使作品更好地被受众接受和理解。

5. 借助现代科技手段：创作者可以借助现代科技手段来增强艺术传达的效果。如利用数字技术进行图像处理、动画制作、虚拟现实等，可以让作品更加生动、形象、具有互动性，吸引更多受众的关注和参与。

传达的意义在于实现艺术构思的物质化，是沟通艺术家与观众、展示艺术的创造性、引发观众共鸣、思考和推动艺术发展的重要手段。通过艺术传达，艺术作品得以呈现其独特的审美价值，受众得以感受到艺术的无穷魅力。

（四）反思

作品完成后，创作者需进行反思。这一阶段是对作品的审视和批判，以及对美的再认识和理解。创作者需要评估自己的作品是否达到了预期的效果，是否具有审美价值和意义，以及是否有改进和提升的空间。主要有以下几种方法：

1. 回顾创作过程：回顾整个创作过程，包括构思、草图和修改等阶段。思考在每个阶段中遇到的挑战、决策和选择。分析这些决策对最终作品的影响，并思考是否有更好的方式或选择。

2. 审视作品质量：对作品进行全面的审视，包括技术层面和表达层面。评估作品的技术水平、技巧运用和表达能力。同时，思考作品是否能够有效地传达预期的情感、思想和主题。

3. 接受他人反馈：向受众或专业人士征求反馈意见。他人的视角和观点可能会帮助创作者发现作品中存在的问题或潜在的改进空间。认真倾听他人建议，并思考如何将这些建议融入自己的创作。

4. 比较与借鉴：将自己的作品与其他人的作品进行比较，从中汲取灵感和借鉴经验。注意观察其他人的创作风格和技巧，思考如何将他们的优点融入自己的创作。

5. 记录创作日志：在创作过程中记录自己的想法、感受和困惑。创作日志可以帮助创作者回顾创作轨迹，发现自己的创作习惯和模式，更好地了解自己的创作需求。

反思是个人成长和创作发展的关键环节，它有助于个人审视自己的创作过程、作品质量和艺术发展方向。

美的创造过程并不是线性的，而是充满了反复和迭代。创作者在创作过程中可能会不断地调整和改进自己的方案，发现自己的不足和需要改进的地方。因此，美的创造过程是一个动态的、持续的过程，它需要创作者不断地探索和创新，而乐趣也正在其中。

任务实施

设计一张校园明信片

步骤1： 确定明信片的主题和设计风格。根据校园环境和设计者想传达的信息来决定主题和设计风格。如，以校园风景、建筑、活动或学生生活作为主题，设计风格可以是现代的、复古的、手绘的等。

步骤2：收集素材。收集与主题相关的素材，包括校园照片、插画、校徽等。可以拍摄照片，可以手绘插画，也可以从学校官方网站或社交媒体上搜集合适的素材。

步骤3：设计明信片。在设计软件（如Photoshop、Illustrator等）中设计明信片。首先选择合适的尺寸（根据国际标准，我国规定的明信片标准：最大尺寸为150毫米×100毫米，最小尺寸为140毫米×90毫米），然后根据主题和素材进行排版和设计。最后添加适当的文字，如祝福语、学校名称、地址等。

步骤4：修改和优化。在设计过程中，针对布局、颜色、字体和图片等与同学或老师交流，不断修改和优化，以确保明信片看起来既美观又清晰。

步骤5：打印和制作。对设计满意后，去专业的印刷店进行打印，选择特种纸或特殊印刷工艺会使明信片更美观，且别具特色。

步骤6：发布上交。作品完成后，可将电子版上传到码书平台，也可以印制出来，可将其中一份明信片粘贴到"作品展示区"，其他的可以分享给家人和朋友，让他们感受到你所在校园的美好。

作品展示区

知识图谱

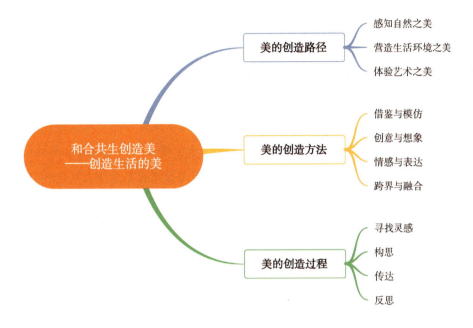

和合共生创造美
——创造生活的美

美的创造路径
- 感知自然之美
- 营造生活环境之美
- 体验艺术之美

美的创造方法
- 借鉴与模仿
- 创意与想象
- 情感与表达
- 跨界与融合

美的创造过程
- 寻找灵感
- 构思
- 传达
- 反思

| 拓展阅读 |

网络视听作品：不约而同呈现中国式浪漫

"中国式浪漫"是近几年的网络热词。它强调对传统文化的尊重传承、对社会人生的洞察领悟，凝结着中国人独有的浪漫情怀和情感体验，传承着中国式的生活智慧、人生态度和价值追求。尤其是2023年，中国式浪漫成了许多网络视听文艺作品的点睛之笔。创作者从叙事、美学、情感等层面切入，建构中国式浪漫，给观众带来美的享受。

首先，网络视听文艺创作从传统文化中挖掘选题，进行符合当代审美趣味的创新性表达。网络动画片《中国奇谭》的《小妖怪的夏天》单元，以《西游记》中配角小猪妖为主角，表现他心怀正义、仰望光明的形象，为同样平凡而赤诚的观众点亮对未来生活的美好想象。还有《鹅鹅鹅》《玉兔》《飞鸟与鱼》《林林》单元也都从中国传统故事中选材构思，这些凝结民族记忆、体现传统文化精髓的符号、故事、场景，经由网络视听的创新表达和广泛传播，激活潜藏于中国人文化血脉中的浪漫基因。

其次，网络视听文艺创作将中华美学讲求的托物言志、寓理于情，言简意赅、凝练节制，形神兼备、意境深远等理念自觉运用到创作中，赋予中国式浪漫独特的美学气质。网络剧《云襄传》运用水墨构图、诗意场景或诗词吟诵呈现苏轼《定风波·莫听穿林打叶声》、张若虚《春江花月夜》里的意境，为武侠叙事平添文学韵味和哲学意蕴。

再次，网络视听文艺创作还挖掘传统文化中历经千百年历史流变仍散发光芒与力量的情感、精神，通过艺术表达使之与当下观众建立心理关联。劳作纪实节目《种地吧》以十位少年用半年的时间施肥灌溉、培育收割、经营农场的故事，映射出人与自然的和谐统一、体悟与修身并行的内心探索等中华人文精神，唤醒中国观众对田园劳作和农耕文化的独特情感。网络综艺节目《登场了！北京中轴线》再现元大都设计都城时如何选定中轴线、二十九军学兵团英勇抗战等历史细节，将中华民族代代传承的义利观、荣辱观、苦乐观等，寓于中轴线历史源流的追溯过程，加深观众对民族精神与家国情怀的认同。

在网络视听文艺创作取得丰硕成果的同时，个别网络视听文艺作品因价值缺失、格调不高、内容空洞等问题受到批评，影响网络视听创作生态的健康发展。2023年，越来越多网络视听从业者意识到这个问题，自觉将传统文化的情致意蕴与网络视听的创新表达相结合，不仅提升了网络视听的品质，也让中国式浪漫在网络视听艺术与技术的加持下风行全网。

（节选自《网络视听作品：不约而同呈现中国式浪漫》，作者李园园，光明网2023年12月27日刊）

| 任务拓展 |

中国风，即中国风格，是建立在中国传统文化的基础上，蕴含大量中国元素并适应全球流行趋势的艺术形式或生活方式。近年来，中国风被广泛应用于流行文化领域，如音乐、服饰、电影、广告等。其中，中国风音乐更是将传统诗词中的文化精髓以年轻人喜闻乐见的形式呈现出来，推动了中华优秀传统文化的创新性发展，演绎出"中国式浪漫"。《青花瓷》一句温柔委婉的"天青色等烟雨，而我在等你"将人们带到了朦胧的烟雨江南，透过青花瓷的烧制过程看到了缠绵悱恻的爱情；《蜀绣》中"伊人倚门，红酥手，青丝万千根"，几句词勾勒出金戈铁马年代，主人公经历的生死离别的惆怅。

请选择你喜欢的一首中国风音乐。查找相关资料，为它重新剪辑制作一段音乐短片，请按照以下要求完成，并上传到线上展示平台。

作品要求：

1. 图像尺寸为标准4∶3或16∶9，分辨率不小于720×576，MP4格式，文件大小不超过100M，画质清晰。

2. 视频内容完整，且符合音乐意境。

中国有礼仪之大，故称夏；有服章之美，谓之华。

——《春秋左传正义·定公十年》

在漫长的历史长河中，服饰一直是华夏文明的见证者，蕴含着丰富的文化底蕴。服饰不仅是我们外在形象的体现，更是我们个性和品味的象征。无论是在校园还是在社会，搭配服饰之美始终是人们关注的焦点。

服饰搭配是一门艺术，它需要我们不断地尝试、探索和实践。通过学习服饰穿搭，我们不仅可以提升自己的审美能力，还能在日常生活中更好地展现自己的个性魅力。如今，经典与现代融合的服饰成为时尚新宠，传统与现代、古典与时尚、科技与美学，这些元素在服饰中得到了完美融合，展现出了无限的魅力和活力。

让我们一起用心去感受服饰之美，用智慧去创造属于自己的时尚风格。

项目目标 ▶▶▶

知识目标

1. 掌握基本穿搭的原则。

2. 熟悉不同场合的穿搭技巧。

3. 了解现代时尚服装的流行趋势和风格特点。

能力目标

1. 能欣赏和评价传统服饰的艺术价值和文化意义。

2. 具备时尚敏锐度和判断力。

3. 能独立完成服装搭配，展现个人风格。

素质目标

1. 具备敏锐的时尚洞察力与创新能力。

2. 具有一定的审美修养与个人的穿衣风格。

3. 具备良好的沟通与协作能力。

项目展开 ▶▶▶

为了系统而直观地实现以上目标，该项目按照以下三个工作任务有序化展开。

任务一　传统服饰古典美——感受汉服时光之旅

任务二　现代服饰时尚美——策划时尚穿搭挑战

任务三　未来服饰科技美——体验智能科技着装

任务一　传统服饰古典美——感受汉服时光之旅

 情境引入

　　霓虹闪烁下的海岱楼，正上演着一场美轮美奂的"丝之恋"舞蹈表演。同学们穿着色彩绚丽的汉服，翩翩起舞，宛若穿越千年的仙子……越来越多的年轻人喜欢上了汉服，请用镜头发现并捕捉汉服之美，将这份美丽传递给更多的人。

作品赏析

 问题驱动

1. 你认为汉服的美体现在哪些方面？

2. 在选择服装时，你更注重面料还是款式？

3. 你觉得现代汉服设计应如何将传统与现代元素巧妙融合，实现美的传承与创新？

💡 **知识视窗**

　　衣冠上国，礼仪之邦。中国的服饰文化经历了漫长而丰富的历史发展，展现出不同时期的独特艺术特征和时代风貌。从简约大方的秦汉服饰，到唐宋盛世的繁华锦绣，再到近现代时尚与传统相融合的服饰，每一时期的服饰都受到当时社会经济、政治、文化等多重因素的影响，呈现出独具特色的艺术风貌和礼仪风范，更体现出中华民族的审美观念和文化传承，代表着中华文明的发展和发达。

一、秦汉时期的服饰

　　秦汉时期是中国服饰文化的形成期，这一时期的服饰不仅在材质和样式上有所丰富和发展，更反映出当时的社会制度和文化特征，对后世产生了深远的影响。秦汉服饰主要有以下特点：

1. 款式特征

深衣是秦汉时期最为典型的服饰之一，因为"被体深邃"而得名。其特点是领口深且宽，衣身宽松，袖子宽大，雍容典雅。到了西汉，男女服装仍沿袭深衣形式，但上衣和下裳分裁合缝连为一体，形成了一种定型化的套装（如图2-1）。此外，下着紧口大裤，足下为歧头履，腰间束带，保持了"褒衣大裙"的风格。深衣的设计既适应了当时人们劳动和生活的需要，也反映了古代社会对衣着朴素、行为端庄的审美追求。深衣的流行，为后世汉服的发展奠定了基础。深衣又分为直裾与曲裾。裾，指的是深衣衣襟的边。如图2-2，如果衣襟是直的边，穿上深衣以后，衣襟有一条边垂直于地面，就是"直裾"；如果衣襟的边构成尖角状，穿衣服时将衣襟在腰间盘曲缠绕后再用腰带固定，就是所谓"曲裾"。

图2-1 〔西汉〕罗地"信期绣"丝绵袍 湖南博物院藏

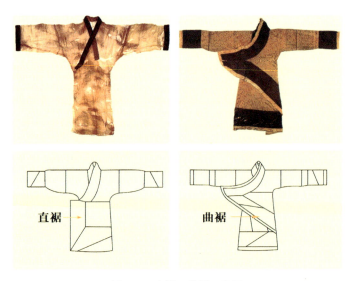

图2-2 直裾、曲裾示意图

2. 服饰色彩

公元前221年，秦始皇统一中国，建立了中国历史上第一个封建帝国。他深信阴阳五行学说，认为黄帝时代以土气胜，因此崇尚黄色；夏朝是木德，尊重青色；殷朝是金德，崇尚白色；周文王时以火胜金，因此主张赤色。而秦始皇则以水德统一天下，主张黑色。因此，秦汉时期的服饰色彩以深色为主。服饰中不同的颜色选择亦反映了不同历史时期的价值观和象征意义。

3. 服饰面料

相较于春秋战国时期，秦汉时期的服装面料更为丰富，纹绣和织锦技术也达到了新的高度。服装上的纹绣多以山云、鸟兽或藤蔓植物为图案。织锦则呈现出复杂的几何菱纹和通幅文字纹样（如图2-3），展现了当时工艺的精细和审美的多样性。这些图案不仅装饰了衣物，也富含了古代人民对自然界的崇敬和对美的向往。

图2-3 "五星出东方利中国"汉代蜀锦
新疆维吾尔自治区博物馆藏

4. 服饰制度

秦汉时期，随着中央集权制度的建立和礼仪制度的完善，礼服成为区分社会等级和场合的重要标志。官员和贵族的礼服讲究材质、色彩和装饰，反映了其社会地位和身份。此外，秦汉时期还规定了各种官位、场合穿着不同礼服的制度，为后世的服饰礼仪制度奠定了基础。

秦汉时期的服饰在材质、纹饰、制度和等级方面都有了显著的发展和变化，这些变化不仅反映了当时社会的风貌和审美观念，也为后世中国服饰的发展奠定了重要的基础。而张骞两次出使西域，开辟了连接中国与西域各国的陆路通道，即历史上著名的"丝绸之路"。这一通道的开辟使得大量丝绸源源不断地外运至西方，促进了中华服饰文化的传播，亦使其影响力扩展到了世界各地。

二、隋唐时期的服饰

隋唐时期，中国历史上政治、经济、文化达到了新的高峰，服饰文化也展现出了独特的风貌。这一时期的服饰以其华丽、大气和开放的特点而著称，成为中国古代服饰发展史上的一个重要里程碑。其服饰风尚在款式、色彩、面料等方面呈现出了丰富多彩的特点，反映了当时社会的繁荣和文化的多元。

1. 款式特征

隋唐时期，男子多着圆领袍衫，头戴幞头，女子则有襦、袄、半臂等与裙搭配，并外加披帛装饰，如图2-4中的女子形象。唐代经济发达，文化包容性较高，通过对外交往，兼收并蓄异域文化。在这种开放的社会氛围里，西域文化于开元天宝年间（713—756年）大规模传入，胡服盛行、女着男装成为典型的时代特征。

图2-4 〔唐〕周昉 《簪花仕女图》（局部） 辽宁省博物馆藏

2. 服饰纹样

隋唐初期袍服花纹多为暗花，如大科绫罗、小科绫罗、丝布交梭钏绫、龟甲双巨十花绫、丝布杂绫等，流行的图案纹样可分为联珠纹、缠枝纹、宝相花纹、团窠纹、几何纹等，后吸收波斯纹样并加以创新，形成具有时代特色的"陵阳公样"。如图2-5，就是创自唐代初期的陵阳公样，这种新型团窠图案，因它的发明人是陵阳公窦师纶而得名。这种图案在西方纹样的基础上保持了中国纹样四方连续等传统形式，用环式花卉或卷草代替联珠纹，以中国传统动物主题代替西方

图2-5 陵阳公样

神话造型。而这种将神禽瑞兽置于花卉环的图案，在中国整整延续了数百年之久。

3. 服饰面料

随着隋唐时期经济文化的快速发展，纺织印染等技术得到空前发展，朝廷甚至设置了专门的管理机构如染织署，来保障纺织印染业的发展。

唐代纺织品主要有丝、麻、棉等种类，其中丝织品运用更为广泛，如唐锦、缭绫。除此之外，代表当时织造工艺最高水平的面料，尚有绫、罗、布等，装饰技法则有绣、夹缬、蜡缬、织成等。

4. 服饰配饰

隋唐五代男子首服主要是幞头和胡帽。胡帽不仅胡汉兼用，而且男女均可穿戴。流行的帽子有席帽、浑脱毡帽、压耳帽等。乌皮六合靴与幞头配伍，成为"贵贱通用"的服饰。此时期足服主要包含乌皮靴、草鞋、麻鞋、木屐等。

总之，隋唐时期的服饰以其独特的款式、鲜艳的色彩、富丽的纹饰和精致的配饰，不仅反映了当时社会的繁荣和文化的开放，同时展现了古代中国服饰文化的魅力，对后世的服饰发展产生了深远的影响。

三、宋元时期的服饰

宋元时期的服饰艺术呈现出多样化、丰富绚丽的特点，反映了当时社会文化、经济发展和审美观念的变化。从形制、色彩、面料、纹样等角度来看，宋元时期的服饰具有以下几个显著特征：

1. 款式特征

宋元时期的服饰形制多样，宋代男子日常服饰主要为圆领开衩袍衫与幞头的组合，元代除袍服外，还流行质孙服、辫线袄（腰部有细褶的窄袖袍）、海青衣、比肩等多种服装款式。而宋代女子服饰则与唐代阔化的服饰形制有所不同，更追求瘦削的线条美感，多为直领对襟的褙子与裙的组合、或襦与裙的服饰组合。受宋代程朱理学的影响，整体服饰特征简洁、朴实，袁采在《世苑》一书中对女性着装就提出"唯务洁净，不可异众"的要求，如图2-6。

图2-6　〔北宋〕王诜　《绣栊晓镜图》　台北故宫博物院藏

2．服饰色彩

宋元时期的服饰色彩丰富多彩，从浅蓝、杏黄、葱白到深红、翠绿、金黄，无一不展现出绚丽的光彩。浅淡的间色体现了宋代服饰的典雅清新，元代女子服饰则喜用红、黄、绿、茶、胭脂红、鸡冠紫、泥金等色。

3．服饰面料

宋代的织造技术得到了很大的创新和发展，使得丝织品得到了更好的应用，如锦、罗及刺绣。此外，缂丝于宋代盛行，发展至元代，实用性缂丝与观赏性缂丝同步盛行。而织金锦亦是元代的特有面料，原是波斯语"Nasich"的译音，是以金缕或金箔切成的金丝作纬线织制的锦。随着海上贸易的兴起，宋元时期的服饰也受到了外来文化的影响，呈现出更多样化的特点。

4．服饰纹样

受画院花鸟写生画的影响，宋代丝绸服饰纹样趋向写实风格。花鸟鱼虫、山水云雾等自然元素被广泛运用于服饰装饰中，同时，一些象征吉祥、富贵的纹样也常见于服饰之上，表达人们对美好生活的愿景。外来的面料、纹样和款式逐渐融入宋元时期的服饰，使其更加丰富多彩。这种多样性不仅丰富了服饰的选择，也促进了文化的交流与融合，展现了时代的开放与包容。

宋元时期的服饰艺术特征展现了多样化、丰富绚丽的风貌，既朴素简约又华丽奢华，注重舒适实用又追求典雅华丽。这些特征不仅反映了当时社会文化和审美观念的多样性，也展现了人们对美好生活的向往和追求，为后世的服饰设计提供了丰富的参考与启示。

四、明清时期的服饰

明清时期的服饰艺术承载着丰富的历史文化内涵，反映了当时的社会风貌、等级制度以及民族文化融合的特点，对后世的服饰设计和审美观念产生了深远影响。

1．款式特征

明朝时期的服饰以袍为主，这一特点在男女服饰中都得到了体现，如图2-7。男性的服饰主要有曳撒、直裰、道袍等款式。而女性的裙装则更为丰富多样，如马面裙、襦裙、凤尾裙、月华裙等流行式样。这些裙装不仅裙摆宽大，有优雅飘逸之感，且在设计上更加华丽精致，常与比甲及云肩搭配使用。到了清代，男性的服饰逐渐转向马蹄袖衣和紧袜深靴，日常则多着褂与袍的组合，多以深红、浅红、紫酱、深蓝、深灰为主。清代满族女性服饰与男子相似，衣身宽大，长可掩足，袍衫外加坎肩或马褂；汉族女子服饰则与明代相似，其镶滚绣彩等装饰更为精美。

图2-7 〔明〕程仲坚 《西园雅集图》(局部) 台北故宫博物院藏

2. 服饰纹样

明清时期的服饰纹样繁复多样，寓意丰富。在明代的服饰纹样设计中，突出"言必有意，意必吉祥"的纹样特征，反映了人们对美好生活的向往和祝福。这些吉祥纹样往往代表着幸福、富贵、吉祥和美好的愿望，被广泛地运用于服饰装饰中，以期为穿戴者带来祝福和好运。常见的吉祥纹样包括如下几种：

（1）寿桃纹样：寿桃在中国传统文化中象征着长寿和健康，常常被用作寿宴的装饰和礼品。明代服饰中常见寿桃纹样，寓意着长寿和幸福。

（2）如意云纹：如意在中国传统文化中代表着顺心如意、心想事成的美好愿望。明代服饰中经常出现如意纹样，在儿童服饰中亦较为常见。夏葵所绘的《婴戏图》中，便有多名身着饰有如意云纹衣服的儿童形象（如图2-8）。

图2-8 〔明〕夏葵 《婴戏图》(局部) 克利夫兰艺术博物馆藏

（3）五福纹样：五福分别指长寿、康宁、富贵、好德、考终命（善终，即寿终正寝），五福纹样是中国传统文化中最常见的吉祥纹样之一。明代服饰中常常出现五福纹样，寓意着全家人幸福和美满。

（4）蝙蝠纹样：蝙蝠在中国文化中象征着福祸相依、福气长久，因其发音与"福"字相近，被视为吉祥的象征。明代服饰中常见蝙蝠纹样，寓意着好运和幸福。

（5）喜鹊纹样：喜鹊被视为吉祥的鸟类，常常用来象征幸福和团圆。明代服饰中常见喜鹊纹样，代表着喜庆和幸福。

这些吉祥纹样不仅在服饰上常见，也出现在其他艺术品和装饰品中，成为明代文化的重要组成部分。它们不仅丰富了明代服饰的文化内涵，也为穿戴者带来了心灵上的愉悦和满足。

3. 服饰文化

满族入主中原后，满汉文化开始交融，服饰风格呈现出独特的满汉风情。满族的传统服饰如长袍、马褂等与汉族的服饰元素相融合，形成了具有满族特色的服饰款式。这种文化融合不仅在服饰风格上有所体现，也影响了文化艺术、建筑风格等方面，丰富了中国传统文化的内涵。

明清时期的服饰艺术不仅反映了当时社会的发展变化，也为后世的服饰设计和审美观念提供了重要参考。其丰富多彩的色彩、精致优雅的面料、繁复多样的花纹装饰以及文化融合的特点，使其成为中国服饰文化的重要组成部分，为后世留下了宝贵的历史文化遗产。

五、近现代服饰

近现代的服饰变革展现了中西文化交流的融合与碰撞，传统与现代的交替与并存。

图2-9　中山装

在男性服饰方面，中式和西式服装共存，体现了不同文化传统的影响和个人选择的多样性。中山装作为一种典型的中国传统服饰（如图2-9），在近现代得到了推广和发展，成为中国男性的主流日常装束之一。与此同时，西式的西装也逐渐被引入中国，成为重要场合的着装，代表了现代化和国际化的时尚风格。另外，长袍马褂作为传统的礼服，在特殊场合仍然被一些人所穿着，展现了人们对传统文化的尊重和传承。

图2-10 旗袍展示

　　而在女性服饰方面，旗袍和学生装并行，体现了女性服饰的多元化和变革性。旗袍是中国传统的女性服饰，具有优雅端庄的特点，在近现代得到了重新的关注和发展，成为重要的文化符号之一（如图2-10）。此外，学生装作为一种新型的服饰风格，体现了年轻一代对自由、舒适和时尚的追求，成为校园文化的重要象征之一。

　　近现代服饰的变革反映了社会文化的发展和时代精神的变迁，使得近现代服饰文化呈现出多样性、开放性和包容性的特点，为人们提供了更加丰富多彩的着装选择。

　　总体来说，华夏服饰经历了从古朴肃穆的秦汉时期，到开放多元的隋唐时期，再到简约清新的宋代，繁华多样的明朝，以及华美繁复的清代，最后到充满多元化和开放性的近现代，每个时期的服饰都反映了当时社会的文化特征和审美趋势，是中华文明尊崇自然、注重礼仪、身心和谐的一种物化表现。

任务实施

用镜头定格汉服之美

　　步骤1：准备阶段。

　　了解汉服文化：主动了解汉服的历史、发展、穿搭等相关知识，以便更深入理解汉服之美。

　　确定汉服风格：汉服风格包括清新飘逸、华丽复古、简洁素雅等，选择其中一种，并挑选合适的汉服。

挑选合适的场地：挑选合适的拍摄场地，可以是古风园林、古代建筑、校园风景等。

器材准备：准备好相机，确保相机稳定、对焦准确、色彩还原度高。

步骤2：实地拍摄。

模特展示：让模特根据所选汉服风格进行走秀、舞蹈等展示，拍摄视频或照片。

创新拍摄：尝试不同的拍摄角度、光线、背景等，探索创新拍摄手法，如利用后期技术制作特效。

步骤3：后期制作。

整理照片：将拍摄的照片整理分类，挑选出优质的照片。

图片美化：利用图像处理软件对照片进行美化，如调整光线、色彩、对比度等。

制作相册：将美化后的照片制作成精美的汉服主题相册，可以添加背景音乐、文字描述等。

步骤4：分享展示。

将制作好的汉服主题相册分享到线上平台进行展示，邀请同学、朋友和家人观看，分享感受。

步骤5：总结反馈。

收集参与者的反馈，总结此次活动的收获和不足，为今后的活动提供参考。

作品展示区

📊 知识图谱

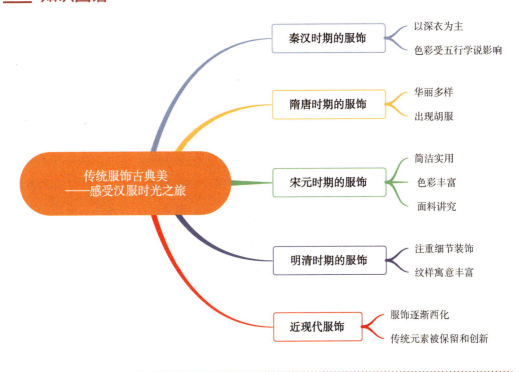

传统服饰古典美
——感受汉服时光之旅

- 秦汉时期的服饰
  - 以深衣为主
  - 色彩受五行学说影响
- 隋唐时期的服饰
  - 华丽多样
  - 出现胡服
- 宋元时期的服饰
  - 简洁实用
  - 色彩丰富
  - 面料讲究
- 明清时期的服饰
  - 注重细节装饰
  - 纹样寓意丰富
- 近现代服饰
  - 服饰逐渐西化
  - 传统元素被保留和创新

┃ 知识拓展 ┃

让服章之美绽新彩

一段时间以来，在消费市场上，以汉服为主要代表的中式服装一直不乏拥趸。近几年，随着马面裙等走红、出圈，"新中式"服装迎来爆发式增长。从旅游景点到城市商圈，从婚礼仪式到朋友聚会，中式穿搭愈发常见。这体现在供给端——订单源源不断，厂商开足马力、加紧赶工；反映在销售端——在商场门店、线上直播间，相关产品成为畅销款。有数据显示，在山东曹县，2024年以来汉服网上销售额超12亿元，1—2月马面裙销售额超5亿元。从款式设计、材料选择，到生产加工、包装营销，中式服装产业链条不断延伸，款式更时尚、价格更亲民，实现了销量、口碑双丰收。

"新中式"走红，为文旅融合打开了新思路。以汉服为例，除了汉服生产销售，汉服租赁、写真拍摄等周边产业也蓬勃发展，还与剧本杀、演绎剧目等有机融合，给消费者带来新体验。比如，在陕西西安大唐不夜城周边，汉服馆如雨后春笋般出现，为消费者提供化妆造型、跟拍摄像等全套服务；在河南洛阳，应天门遗址博物馆打造演艺剧目《唐宫乐宴》，游客不仅可以换上汉服体验诗、乐、茶、礼等传统文化，还能摇身一变成为剧中人。这说明，在产品创新、业态创新、场景创新上下功夫，因地制宜推动文旅融合，既能让传统文化"活"起来，也有利于挖掘消费潜力、拓展市场空间。

"新中式"受追捧，离不开新兴消费群体的壮大。从表面上看，年轻人往往对潮流文化和时尚元素比较敏感，也乐意为商品的美学体验、文化价值买单。由更深层次去观察，作为平视世界的一代，他们的文化自信与民族认同感与生俱来、与日俱增。植根于中华优秀传统文化又彰显个性品位的"新中式"，自然能赢得他们的喜爱。不只是年轻消费群体，着眼未来，随着热度的走高和供给的不断丰富，"新中式"将收获越来越多年龄段消费者的关注。

服饰是文化礼仪的载体，"国潮"服饰彰显传统与现代的结合。越来越多的"国潮"服饰现身大街小巷、融入百姓生活，无形中加深了人们对中式美学的理解，提升了中华优秀传统文化的吸引力。如今，在国际T台秀场上，带有中国元素的服装设计频频亮相，映照着中华文化走向更广阔舞台。读懂"新中式"热度背后的审美价值和文化意义，在传承创新中赓续中华文脉，我们一定能让服章之美绽放新光彩，向世界讲好中国故事。

（节选自《让服章之美绽新彩》（人民时评），作者何娟，《人民日报》2024年4月10日刊）

| 任务拓展 |

汉服作为中国传统服饰的代表，承载着悠久的历史和丰富的文化内涵。近年来，汉服作为时尚元素逐渐走入人们的视野，越来越多的人开始关注并喜爱汉服的设计和穿着。

这种对于汉服的关注还体现在一些影视作品中。一些经典的古装剧中，人物的服饰造型极尽华美、独具匠心，它们以独特的魅力吸引着观众的眼球，让我们在欣赏剧情的同时，也沉醉于那传统而美丽的服饰世界。请你选择一个你喜欢的影视作品中的人物，通过收集其在不同剧目情境下所着服饰的图片或视频，从款式、面料、色彩、服饰配件等角度与同学们分享你对传统服饰造型的理解和看法。

任务要求：

1. 作品需附带详细的说明，包括影视剧的名称、人物角色的信息、服饰的详细特征分析等。

2. 人物身份、剧目年代及服饰风格不限，可以是历朝历代的影视作品，可以是官宦，亦可是平民，只要人物形象能够反映汉服文化的特征与内涵即可。

任务二　现代服饰时尚美——策划时尚穿搭挑战

情境引入

进入大学校园后，小王学到了很多关于服装的色彩搭配、款式选择、时尚趋势等知识，逐渐掌握了一些基本的服饰搭配技巧，并尝试在自己的日常穿搭中应用起来。学校要组织一次以五四青年节为主题的演讲活动，小王报名参加，请你帮助小王设计一套适合此次活动的服饰穿搭。

作品赏析

问题驱动

1. 你是否会根据不同的场合选择适合的穿搭风格？谈谈你对服饰穿搭的理解。

2. 在搭配服饰时，你有什么独特的技巧或心得？

3. 你有没有一些特别喜欢的时尚品牌或设计师？说一说其风格与特点。

知识视窗

时尚穿搭不仅是展现个性和品味的手段，更是提升自信、拓展社交圈的重要途径。通过对服饰穿搭的风格、材质、色彩等内容的认识，人们才能掌握搭配的基本原则和技巧。

融合时尚元素的服饰穿搭，能够形成独特的审美与个性，对于体

扫码观看
"时尚引领未来"
活动短片

验美的愉悦、培养积极的生活态度、展现自我魅力、塑造青春的自我具有重要意义。

一、时尚穿搭的风格定位

（一）时尚与个人风格的关联

大学生正处于青春年华，充满活力和探索精神。在这个阶段，时尚与个人风格的关联尤为明显。

1. 时尚是探索个人风格的工具

时尚往往是表达自我、打造个人风格的重要工具。在大学这个多元文化的环境中，通过接触不同的时尚元素和潮流趋势，大学生开始尝试塑造自己的外在形象，体验不同的穿搭风格。从休闲校园风到青春活力风，再到简约时尚风，甚至是个性潮流风，每一种风格都可能成为他们展现个性和魅力的方式。

2. 个人风格影响大学生对时尚的选择

时尚并不是单向地影响大学生的风格。相反，每个人的独特个性和内在特质也会影响其对时尚的选择。例如，一个性格内向的大学生可能倾向于选择简约而舒适的穿搭，而一个外向、活泼的学生则可能更喜欢色彩鲜艳、款式独特的服装。这种个人风格对时尚选择的影响，使得每个人的穿搭都独具特色，与众不同。

3. 时尚与个人风格的相互塑造

时尚与个人风格之间的关系是相互的。一方面，大学生通过尝试不同的时尚元素和潮流趋势来塑造自己的外在形象；另一方面，个人风格和内在特质也在不断地影响和调整自己对时尚的选择和偏好。这种相互塑造的过程使得大学生的时尚观念和个人风格在不断地发展，并趋于稳定。

4. 时尚与个人风格的平衡与协调

找到时尚与个人风格之间的平衡与协调是非常重要的。在追求时尚的同时，应保持自己的独特性，找到适合自己的穿搭方式和风格，展现出属于自己的独特魅力。

（二）大学生时尚穿搭的重要性

1. 展示个性

时尚的穿着能够展现出一个人的个性。在大学这个多元化和开放的环境中，大学生通过穿着打扮来展示自己的独特性和审美观。穿搭不仅是一种外表的展示，更是一种自我表达的方式，同时有助于让其他人更加清楚地了解自己的性格和喜好。

2. 提升自信

时尚的穿着也能够增强大学生的自信心。大学生穿着得体、时尚，会感到更加自信和舒适，有助于其在社交场合中更好地表现自己，提升自己的魅力。这种自信非常重要，可以帮助大学生更好地融入社会，提升职场竞争力。

3. 接受与融入社会文化

时尚的穿着也是大学生接受和融入社会文化的一种方式。大学生的成长背景不同，通过时尚穿搭，他们可以更好地理解和接受不同文化元素，从而更好地融入大学这个多元化的环境，从而有助于提升其社交能力。

（三）大学生时尚穿搭风格定位

大学生的穿搭风格从休闲校园风到青春活力风应有尽有，体现了大学生对时尚的敏锐感知力和勇于尝试的精神，也彰显了当代青年文化的多元性和包容性。在追求时尚的同时，大学生也应注重自我认知和个性表达，选择适合自己的服装风格。

1. 休闲校园风

休闲校园风是一种融合休闲与青春特质的服装风格，强调舒适与简约，同时不失个性表达。这种风格以T恤、牛仔裤等休闲款式为基础，通过巧妙的色彩搭配、精致的配饰点缀，展现出大学生的青春与活力（如图2-11）。无论是上课、自习还是参加社团活动，休闲校园风都能让大学生以轻松自在的状态，展现自己的青春风采。

图2-11　休闲校园风服饰（山东省第十四届"尚德杯"校服设计大赛一等奖作品）

2. 青春活力风

作为当代大学生热衷追求的时尚风格，青春活力风鲜明地展现了年轻一代的朝气和活力。这种风格以大胆运用鲜艳色彩为核心，如热情的红色、活力的黄色、清新的蓝色等，这些色彩不仅凸显了青春的活力和热情，还为整体造型增添了独特的亮点（如

图2-12）。在款式选择上，青春活力风追求多样化和个性化，无论是休闲舒适的T恤、牛仔裤，还是时尚前卫的卫衣、短裤，都能轻松搭配出时尚感。同时，注重细节处理也是青春活力风的一大特点，无论是服装上的趣味图案、印花设计，还是精心挑选的时尚配饰，都能为整体造型增添精致感。最重要的是，青春活力风鼓励大学生勇敢展现自我、追求个性，通过独特的穿搭表达自己的独特气质和品味。

图2-12　青春活力风服饰穿搭

3. 个性潮流风

个性潮流风在大学生时尚穿搭中独领风骚，它鼓励年轻人突破传统束缚，大胆尝试并融合不同风格、文化和时代特色的元素，以鲜明的色彩、独特的配饰和个性化的细节处理，展现个人魅力和独特审美。穿搭要点在于选择适合自己的款式，巧妙搭配出层次感，注重细节处理，并灵活运用配饰来增强整体造型的亮点，同时保持整体造型的协调统一，从而打造出独具一格的时尚风采（如图2-13）。

二、时尚穿搭的色彩搭配

图2-13　个性潮流风服饰穿搭

不同的颜色会给人带来不同的感受。例如，红色通常代表热情、活力，蓝色代表冷静、稳重，黄色代表快乐、明亮等。色彩在整体服装造型中的重要性不容忽视，它不仅能够影响人们的视觉感受，还能传达出穿着者的个性、情感和风格。

（一）色彩在整体造型中的重要性

1. 创造视觉焦点

色彩是吸引人们注意力的关键因素。在整体造型中，巧妙地运用色彩对比或鲜艳的色彩，可以轻松地创造出视觉焦点，有助于增强整体造型的吸引力（如图2-14）。

2. 表达个性和风格

色彩是表达个性和风格的重要手段。不同的颜色意味着不同的象征意义和情感表达，选择合适的色彩搭配可以展示穿着者的个性特点和风格。明亮色彩的服饰可以展现活力、热情的性格，而柔和的色彩服饰则可传达出温柔、内敛的气质（如图2-15）。

图2-14　色彩鲜艳的服饰

图2-15　色彩柔和的服饰

3. 营造氛围和情绪

色彩能够影响人们的心理感受和情绪。在整体造型中巧妙地运用色彩，可以营造出不同的氛围和情绪。暖色调，如红色、橙色，可以激发人们的热情和活力，而冷色调，如蓝色、紫色，则可能带来宁静和冷静的感觉。

4. 平衡和协调整体造型

色彩在整体造型中起到平衡和协调的作用。选择合适的色彩搭配，可以使服装、配饰和妆容等元素和谐统一。这有助于增强整体造型的视觉效果，使其更加和谐、美观。如图2-16所展示的2023年"中华杯"数字应用艺术设计大赛最佳女装成衣应用奖获奖作品。

图2-16　能够平衡与协调整体造型的服饰

5. 强调和突出关键部位

色彩也可以用来强调和突出整体造型中的关键部位。例如，在服装设计中，常常使用明亮的色彩或对比色来突显腰部、胸部或腿部等关键部位，从而增强整体造型的立体感和层次感。

6. 传达文化和时尚趋势

色彩还与文化和时尚趋势紧密相关。不同的地区和时代都有其独特的色彩偏好和象征意义。通过了解和运用这些色彩元素，可以使整体造型更加符合特定的文化背景和时尚潮流。如图2-17所展示的校园服装，主色调黑色与荧光黄色的搭配既不失稳重，又不失活泼，能够展现出大学生的青春活力和个性特点。

总之，色彩在整体服装造型中至关重要。它不仅影响着人们的视觉感受和情绪表达，还是张扬个性、营造氛围、平衡整体造型以及传达文化和时尚趋势的关键因素。因此，在选择服装和搭配时，我们应该充分考虑色彩的重要性，并巧妙地运用色彩来打造出独特而吸引人的整体造型。

图2-17　校园服装（山东省第十四届"尚德杯"校服设计大赛二等奖作品）

（二）色彩搭配原则

色彩搭配的原则在服装设计与穿搭中起着重要的作用，它可以指导我们如何选择和组合颜色，以创造出生动和谐的整体效果。

1. 色调配色原则

色调配色指的是将具有相同性质（如冷暖调、明度、艳度）的色彩搭配在一起。这种搭配方式可以营造出整体统一的视觉效果，使色彩更加和谐。

2. 近似配色原则

近似配色是选择相邻或相近的色相进行搭配。这种配色方式因为含有三原色中某一共同的颜色，所以通常看起来非常协调。

3. 渐进配色原则

渐进配色是按照色相、明度或艳度的程度依次排列颜色（如图2-18）。这种配色方式可以创造出一种流畅、自然的色彩过渡效果。

4. 对比配色原则

对比配色是使用色相、明度或艳度的反差进行搭配（如图2-19）。这种配色方式可以产生鲜明的强弱对比，使整体造型更加醒目和生动。

图2-18　渐进配色

图2-19　对比配色

5. 单重点配色原则

单重点配色是让两种颜色形成面积的大反差。通常以一种颜色为主色调，占据整体造型的大部分面积，而另一种颜色则作为点缀或辅助色，只占据小部分面积（如图2-20）。

图2-20　单重点配色

6.分隔式配色原则

分隔式配色通常用于处理两种颜色比较接近、看上去不分明的情况。在这种情况下，可以通过加入一种对比色来分隔这两种颜色，增强整体的协调性。

了解并遵循以上色彩搭配原则，可以帮助我们更好地选择和组合颜色，创造出和谐美观的服装搭配。同时，也可以根据个人喜好和风格需求进行适当的调整和创新。

三、时尚穿搭的材质选择

（一）天然纤维与合成纤维

天然纤维如棉、麻、丝和羊毛等直接从自然界中获取，以其透气性、舒适度和独特质感受到青睐。合成纤维则是化学合成的产物，如涤纶、尼龙等，它们具有耐洗、耐磨、不易变形的特点，在时尚界尤其适用于运动装和户外装。

（二）功能性与舒适性

功能性材质，如具有防水、防风、透气和保暖功能的面料，在户外、运动等特定场合发挥着重要作用，能够确保人们在各种环境中保持舒适。舒适性材质，如纯棉、亚麻和丝绸等，则以其柔软、透气和吸汗的特性，成为人们日常穿着的理想选择。

（三）可持续性与环保性

可持续性材质，如有机棉和再生纤维，以其环境友好性而备受关注，它们来源于可持续或可回收的资源，显著减少了对自然资源的消耗和污染。时尚界正积极响应这一趋势，众多品牌纷纷采用这些材质，并结合环保处理工艺如无化学物质染色技术，致力于推出更多环保时尚产品。

在选择材质时，除了注重实用性，还需考量其质感和视觉效果。不同材质带来不同的触感体验，如光滑、粗糙、柔软或硬朗，选择适合个人品味和特定场合质感的衣物，能显著提升整体造型的美感。

任务实施

为五四青年节演讲者设计搭配一套服装

要求：学生将以小组形式完成此次任务，每组3—4人。

小组成员需要深入了解色彩搭配、款式选择、时尚趋势等方面的知识，以便更好地完成创作任务。

任务实施过程中，小组成员需要密切合作，充分发挥团队协作和创意思维，确保作品质量和效果。完成任务后，各小组将分享各自的作品并接受师生的评价和反馈，以促进学习和进步。

步骤1：明确主题与风格。

小组讨论，以为五四青年节上台演讲者设计搭配一套服装为主题，共同确定演讲者穿搭风格，确保作品具有独特的个性。根据主题和风格，讨论并确定所需的服装、饰品等物品清单，可以是已有的衣物，也可以列出需要购买的清单。

步骤2：合作搭配。

小组成员共同搭配、设计，确保整体造型符合以五四青年节为主题的演讲活动要求。在搭配过程中，可以运用所学的时尚知识，尝试不同的色彩搭配和款式组合，创造出新颖独特的穿搭效果。

步骤3：展示与分享。

设计合适的展示方式，可以以真人模特、图片或视频进行展示。邀请其他小组成员或老师进行评价和建议，以提升作品质量。

作品展示区

知识图谱

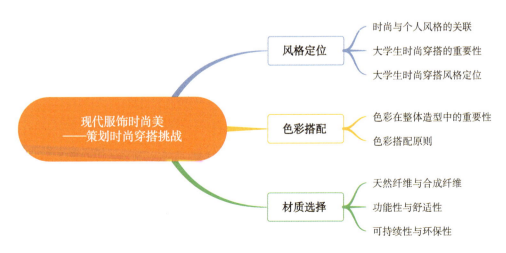

牛仔裤的时尚穿搭

牛仔裤，作为时尚界的常青树，自19世纪中叶诞生以来，历经演变，早已成为大学生日常穿搭中不可或缺的单品。其独特的魅力不仅在于实用性，更在于它所承载的时尚与文化内涵。

人们在选择和搭配牛仔裤时，首先注重的是对整体身材的优化。牛仔裤的高腰设计能够拉长腿部线条，人们精心挑选直筒、阔腿、紧身等不同版型的牛仔裤来修饰腿型，并通过与上装的协调搭配，营造出既简约又富有设计感的造型。在材质的选择上，人们追求材质的冲突美与和谐统一，如丝、棉、皮革等与牛仔裤的混搭，既体现了视觉与触觉的双重享受，又展现了他们独特的审美眼光。

色彩搭配方面，人们运用色彩的对比与和谐来传达不同的情感与氛围。深蓝牛仔裤与白色上衣的搭配传递出清爽、纯净的气质，与暖色调如红色、黄色的组合则营造出热情、活泼的氛围，而与冷色调如绿色、紫色的搭配则显得宁静、优雅。人们遵循色彩和谐理论，如对比色、邻近色、三色组、无彩色搭配等，确保整体造型的色彩关系既有变化又保持和谐，展现出色彩搭配的艺术美感。

在配件与细节处理上，人们更是将美学原理发挥得淋漓尽致。比如，将鞋子、腰带、耳环等配饰作为造型中的"点"，通过其形状、大小、颜色与所在位置，与牛仔裤、上装构成"线"与"面"，形成富有节奏感与动态美的视觉构图。同时，注重配饰与整体穿搭风格的统一，通过独特设计或个人喜爱的元素为造型注入个性化审美印记，展现了人们多元审美观与艺术修养。

融入美学理念后，人们在牛仔裤的时尚穿搭中不仅提升了审美素养，还创造出既实用美观又富含个人风格与艺术气息的时尚造型。这些造型不仅展现了他们对生活美学的独特理解和追求，更让牛仔裤这个文化符号的内涵不断丰富。从工装服的实用主义到时尚属性的增加，再到彰显个性的自由和反叛精神，牛仔裤在人们的穿搭中焕发出新的生机与活力。

| 任务拓展 |

本次挑战旨在激发小组成员的时尚敏锐度和创意能力，通过结合现代时尚元素，展现牛仔裤在时尚穿搭中的无限可能。

> 任务要求：
>
> 1. 创新运用时尚元素。小组成员需深入了解当前时尚潮流，掌握流行元素和趋势。探索牛仔裤的创意穿搭风格，展现多样化的时尚魅力。
>
> 2. 团队协作与分享。小组成员需密切合作，共同探讨和制定搭配方案，确保作品的统一性和协调性。

任务三 未来服饰科技美——体验智能化科技着装

情境引入

党的二十大报告指出，必须坚持在发展中保障和改善民生，鼓励共同奋斗创造美好生活，不断实现人民对美好生活的向往。穿得暖不再是人们对衣服的首要要求，穿得好、穿得美、穿得科技环保，已渐成时尚。请你从身边寻找现代服装中的"科技范儿"。

作品赏析

问题驱动

1. 请你谈谈对数字化服装的理解，你认为数字化服装有哪些特点。
2. 请你畅想未来我们的服装是什么样的。
3. 请谈谈科技服装对人们生活的影响。

知识视窗

当前，大数据、物联网与人工智能等信息科学技术飞速发展，推动着衣食住行各领域不断创新，也培育了传统产业转型升级的新增长点。人们从追求"衣食无忧"到享受"高品质生活"，比如，人们的服装更有科技含量，在餐桌上吃得更健康，居住环境更舒适，出行更智能便捷……在这些衣食住行的创新创造中，中国人迎来更加绿色、低碳、智慧的美好生活。

全球服装行业，在数字化服装技术的推动下，越来越多的智能服装涌现出来。

扫码观看
服装与服饰设计
虚拟现实公共应
用体验中心视频

一、数字化服装技术

伴随数字化与信息化的高速发展，数字化技术的发展不仅为各领域带来新的生存环境与发展契机，也成为我国服装产业结构调整和实现技术升级的关键环节。

数字化服装设计，根植于数字化信息之上，依托先进的计算机技术与网络科技，贯穿于面料设计、服装设计、成衣制作与加工直至销售的每一个环节。它通过高效收集、整合、存储、传输及应用各环节中的信息，并充分利用网络资源的共享特性，促进了服装行业内设计、生产、销售等部门间的无缝对接与高效协作。这一过程不仅极大地提升了品牌服装公司的运营效率，还为其管理带来了前所未有的便捷性。

扫码观看
数字链路应用视频

二、智能服装

（一）什么是智能服装

随着科技的发展，服装已突破了原有的保暖和美化的范畴，正在走向功能化，进而走向智能化。近年来，电子业和信息产业兴起一种潮流——设计出能穿着、与衣服"融为一体"的高科技产品，即智能服装。

（二）智能服装的应用产品

提及智能服装，人们所了解的大多是航空服、潜水服、消防队员的防火服。但这些特殊行业的智能服装，与日常生活似乎关联不大。再如"变色龙军服"，这种军服能防弹，能依照周围的环境改变颜色，能测量士兵的心跳，能自动调整军服内的温度，并能检测到生化武器的攻击。它的面料是透气的，平时穿着十分舒适，但在检测到敌人使用生化武器时又能在瞬间密闭，将身体与外界完全隔离，起到了绝对保护功能。这些都是特殊行业的专业制服，它们的功能只是针对一部分特殊行业的人群。

随着国内外智能服装的发展，智能服装针对的消费群从特定行业拓展到了各行各业，满足不同消费者的需求。这些服装在满足其基本功能的同时，还利用科学技术增加了与日常生活相关的特殊作用。因此，智能服装不再高不可攀，而是与人们的生活越来越贴切了。通过以下几种智能服装，我们可以了解和体验到智能化服装的科技之美：

情绪手套。日常繁忙的工作常使人情绪低落，这种手套通过检测手掌的温度、脉搏和皮肤的导电性来确定人的情绪。一旦心情压抑、情绪焦虑，你手上的情绪手套就会一闪一闪地发光警告，这时你最好放下手头的工作，去呼吸新鲜空气或者是喝杯咖啡放松一下。

保温袜子。这种内含数十亿个保温微粒的袜子有很好的吸热性，可以根据环境和体温的差别吸收或释放热量。平时它可以吸收双脚发生的热量，减少脚汗。当双脚温度下降时，它又能将储藏的热量缓慢地释放出来为双脚保温。

音乐外套是一个环保的"音乐播放器"，它的能量来源主要依靠太阳能、风能、温度和物理能源等可持续能源。研究人员还致力于研发一种靠弯曲发电的布料，只要人们穿上它活动便能发电。

心率呼吸检测服。美国佐治亚州科技学院研发的心率呼吸检测服具备实用的医学价值。研究人员把光电传导到纤维质地衣服的布料中，通过这种纤维检测人的心跳和呼吸频率。

（三）智能化服装的特点

1. 穿着舒适美观

根据专家的设想，未来人们穿上用智能布料缝制的裤子后，只要按一下电钮，腰围就会随意加宽或缩小。可以根据穿衣人的要求而扩大或缩小、制冷或制热以及随意变换颜色。

2. 洗涤简便容易

以利用纳米技术生产高科技纤维而著称的美国一家公司用分子级海绵制作短袜，这种短袜能够吸收引起人体异味的碳氢化合物，这些物质只有到洗衣机里洗涤时才会释放出来。一位研究人员表示，这种短袜即使穿三四次，也不会发出汗臭味。

3. 医疗监视保健

比如，运动T恤，它可以监视心率、体温、呼吸以及消耗了多少卡路里的热量。这种T恤可以在穿衣人心脏病发作或虚脱时及时报警，从而降低突发性意外死亡的概率。

（四）智能服装的发展

随着科技的不断发展，智能服装将成为人与外界环境交互的重要介质，成为物联网和实时健康监护的接口，是人们随时随地获取其在特定环境下所需要的所有信息的基础。智能服装将可能与智能家居、智能汽车等组成集成智能系统架构，作为个人的生活助手。

2016年被称为中国智能服装元年，随着资本越发看好该领域的发展，初创企业不断涌入。2016年，智能服装成为可穿戴装备的一大品类，全球出货量高达2600万件。

近年来，积极开发"智能服装"的国家主要有德国、芬兰、比利时、瑞士、英国等欧洲国家。一方面是由于欧洲地区对新型纺织品开发的需求比较强烈；另一方面是这些国家具有先进的周边电子电机、通信、计算机软件行业的相互支持配合，许多服装产业巨头也希望"智能服装"的研发能为传统纺织工业注入一股新的活力。

（五）智能服装的技术体系

智能服装结合了电子信息技术、传感器技术、纺织科学及材料科学等相关领域的前沿技术，主要通过两大类方法来实现自身的智能化：一类是智能服装材料，包括形状记忆材料、相变材料、变色材料和刺激—反映水凝胶等；第二类是将信息技术和微电子技术引入人们日常穿着的服装中，包括应用导电材料、柔性传感器、无线通信技术和电源等，后者也被称为可穿着技术。这些要素组合形成了智能服装用户、技术、服装关系模型（如图2-21所示）。

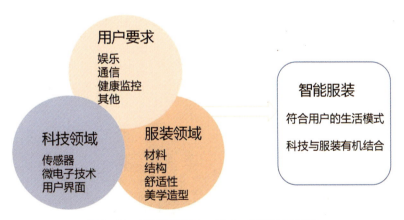

图2-21　智能服装用户、技术、服装关系模型

智能服装不仅能感知外部环境或内部状态的变化，而且通过反馈机制，能实时地对这种变化做出反应。感知、反馈和响应是智能服装的三大要素。为了实现上述的监测及反馈，目前全球有两大研究热点：一是智能服装基础材料，如硬件、传感器、电子元件等柔性（薄膜状/纤维状）器件开发；二是能源系统的开发，通过获取随身能量（机械能/热能）或利用太阳能等方式获取设备运行的能量。

智能服装的发展有四个重要阶段（如图2-22所示）：第一，关键技术、材料的突破；第二，关键单元、产品的自主研发；第三，低成本的、绿色的规模化生产；第四，个性化设计满足消费需求。

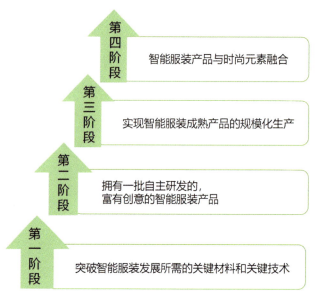

第四阶段　智能服装产品与时尚元素融合

第三阶段　实现智能服装成熟产品的规模化生产

第二阶段　拥有一批自主研发的，富有创意的智能服装产品

第一阶段　突破智能服装发展所需的关键材料和关键技术

图2-22　智能服装产业发展的4个阶段

目前，我国智能服装市场仍处于起步阶段，但未来市场增量空间巨大。虽然在第一、第二阶段上均有突破，但整体而言，尚未形成成熟的智能服装产品，在规模化生产方面储备不足，更未充分地在设计上与本地特色相结合。

任务实施

发现现代服装中的"科技范儿"

步骤1：明确主题。从日常生活中发现身边的智能服装，选择确定自己要查阅的资料。

步骤2：确定形式。明确采用呈现的形式，是图片、视频还是文字。

步骤3：选择智能服装领域。围绕自己的生活，或线上搜集资料，进行资料整合。

步骤4：进行撰写或图片拼贴。通过了解数字化服装技术及智能服装，展开想象，对未来科技服装进行设计或文章撰写。

步骤5：发布上交。作品完成后，可将图片或文章作品粘贴到"作品展示区"，或是上传到线上平台。

步骤6：反馈与优化。关注观众反馈，留意观众的评论和建议，总结经验不足，提升发现美的敏锐性。

作品展示区

知识图谱

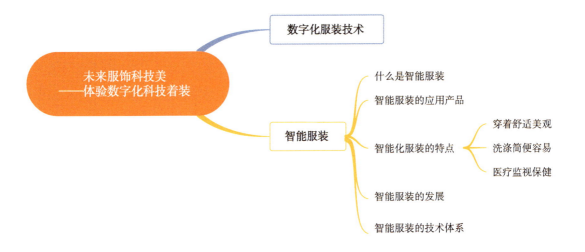

| 拓展阅读 |

智能服装，有多智能

一件衣服，能感受人体发出的"警报"，能提高运动员的比赛成绩，还能弹出气囊防止老人跌倒，让人不怕冷热变化，维持人体恒温环境……这，可能吗？有机械摩擦、生物力学、材料学等高科技加持，智能服装让这些皆有可能。

能感受人体微乎其微的"警报"

镀银纤维、记忆金属纤维、导电纤维，这些新兴的织物电子材料，如今已被融入服装中，与生理测量、军事应用等相结合，产生了大量研究成果和成熟的智能服装。专家介绍，对智能服装的研发起源于军事应用，其中最典型的是以智能纺织品为基础的机械外骨骼。然而，时至今日，对于智能服装的研究早就不局限于军事用途，可穿戴健康检测、提升竞技运动能力、智能生活和时尚科技等领域都有智能服装的"身影"。比如，生物传感器被植入服装之中，贴近人的皮肤发挥作用，它可以敏锐地捕捉你身体上的各种生物信号，再将这些生物信号转化成机器能识别的语言，并发现其中细微的变化。它就好像随身携带一个家庭医生，可以及时响应你身体发出的各种微乎其微的"警报"，做出相应的诊断。穿上一个便携的"家庭医生"，在人们愈加重视健康的大环境下，很受欢迎。已有多个国家的多家实验室都开展了可穿戴健康检测智能服装的研发。

能提高竞技运动能力

另一类智能服装的研制，则致力于提高人体的运动能力。"如果可以通过科技提高1秒，那么就绝不通过训练。"这是英国国家自行车队科研主管依格汉姆的名言。对于当前世界竞技体育强国而言，科技含量高的运动装备，已经成为提高比赛成绩的主要途径之一。1998年长野冬季奥运会，荷兰选手穿着"断跟"的冰刀，在1000米比赛中夺得金牌和银牌。还有游泳健将菲尔普斯凭借"鲨鱼皮"泳衣打破了多项世界纪录。他的泳衣模仿了鲨鱼皮肤的结构，鲨鱼皮肤表面粗糙的"V"形皱褶可以大大减少水流的摩擦力，能引导周围的水流，减少水阻力并提高游进速度3%—7.5%。在竞技运动服装的"科技含量"上，我国曾经并不占优势。为了提升我国竞技体育运动服的品质，迎战北京冬奥会，相关研发团队从源头做起，从研发面料开始，到服装的结构，到整体服装、运动员测试，整体经历两年的时间。最终，这些服装在多个指标上超越从海外订购的服装，也就是说，自主研发的运动服与国外最新生产的运动服相比，明显优于海外的服装。有了"科技"的助力，运动员的服装有了很大的提升。这融合了机械摩擦、生物力学、材料学等多学科，是集体攻关的成果。

防跌倒的服装和恒温的服装

对于日常生活而言，智能服装有哪些用途呢？能否制作弹出气囊防老人跌倒的服装，或者能保证只穿一件衣服，冷、热不出汗的恒温服装？专家介绍说，防跌倒的服装和恒温的服装都是可应用于未来生活的智能服装。跌倒对老年人健康甚至生命影响非常大，在面向老年人的防跌倒服装方面，服装研发团队协同航天领域的专家开展了相关的研发。航天专家开展气囊弹出算法，团队负责做整体的服装功能性设计，让它更便利，设计更成熟。此外，还有降温服装，可以在温度较高的环境中，吸收太阳光，从而降低人体的体感温度，反过来穿的话，又可以升高人体的温度。

在专家看来，智能服装具有广阔的市场前景，但是这项新兴技术在发展过程中的各种问题仍然不容忽视。相信随着电子电机、计算机软件等技术的发展，智能服装会在不久的将来得到普及。

（节选自《智能服装 有多智能》，记者詹媛，通讯员杨顺玺，《光明日报》2022年8月11日刊）

| 任务拓展 |

伴随着全民健身活动的蓬勃开展，人们的生活观念发生巨大变化，为健康而消费成为新时代提高生活质量的一种时尚。很多体育项目受到年轻人的青睐，比如攀岩、滑板、网球、篮球、足球等。

你所了解的体育项目有哪些？这些体育项目的专业服装需要有哪些功能？请选择一项你喜欢的体育项目，进行智能服装设计，并与他人分享你的成果。

作品要求：

1. 作品的形式，不限于手绘设计，也可以通过查找相关图片和资料，通过文字对服装的功能进行说明。

2. 手绘设计需配备设计说明、理念，特别功能标注。

3. 文字说明需设计理念清晰，功能描述清晰，逻辑思维缜密。

4. 服装是人的附属品，一切设计坚持以人为本的理念。

品鉴饮食之美

王者以民人为天，而民人以食为天。

——西汉·司马迁《史记·郦生陆贾列传》

中华饮食文化，历史渊源悠远，流传地域广阔，食用人口众多，烹饪工艺卓绝，文化底蕴深厚并享誉世界。中国精神文化的许多方面都与饮食有着千丝万缕的联系，大到治国之道，小到人际往来都是这样。中国人善于在极普通的饮食生活中咀嚼人生的美好与意义。

中国的美食不仅技术精湛，而且有讲究菜肴美感的传统，追求食物的色、香、味、形、器的和谐统一，给人以精神和物质高度统一的特殊享受。"茶者，南方之嘉木也。"（《茶经·一之源》）在中国的饮食文化中，茶文化极具特色，它不仅陪伴着人们的生活，还影响了中国人的饮食习惯和审美观念。

项目目标 ▶▶▶

知识目标

1. 掌握中国饮食文化的美学知识。

2. 熟悉茶叶冲泡过程中的技巧和品茗过程中的要点。

3. 了解中国饮食文化和社交礼仪的相关知识。

能力目标

1. 能够根据环境的要求及茶叶的特点进行冲泡和品鉴。

2. 能够根据已有的茶器设计并布置一张茶席。

3. 能够制作一款当地的特色美食。

素质目标

1. 增强饮食文化意识，提高饮食文化素养。

2. 培养良好的茶桌礼仪。

3. 培养热爱生活、观察生活、感受慢生活的理念。

项目展开 ▶▶▶

为了系统而直观地实现以上目标，该项目按照以下三个工作任务有序化展开。

任务一　沁人心脾品茶韵——品鉴一杯清香好茶

任务二　方寸之间显茶趣——布置一张精美茶席

任务三　唇齿留香尝美食——品尝一碟东方佳肴

任务一　沁人心脾品茶韵——品鉴一杯清香好茶

 情境引入

在车水马龙的繁华都市中，快节奏的生活方式使你疲惫不堪，这时，你可以停下来，利用手边的茶具等物品，布置一张茶席，泡上一壶当季新茶，放松心情，感受生活中的美好。

作品赏析

 问题驱动

1. 在日常生活中你喜欢喝茶吗？
2. 你是否对中国的六大茶类有所了解？
3. 茶之美体现在哪些方面？

知识视窗

中国是世界上最早种植茶树和制作茶叶的国家之一。茶与中国人相伴千年，从中国第一部药物专著《神农本草经》中出现关于茶的记载传说，到顾炎武在《日知录》里记录中国民众"茗饮"的历史，品茗之美，处处留迹。茶得到了文人雅士与平民百姓的广泛推崇。

无论是喝茶、爱茶还是懂茶之人，皆赞茶之美。那么茶美在何处？安心静坐，手持一杯茶，或许你会找到答案：一美在名，二美在形，三美在色，四美在气，五美在味。

一、茶的名称之美

在中国，人们历来有一个传统，喜欢为美好的事物取一个美好的名字。茶是自然的创造，茶名则是人们对自然的回报。欣赏茶的名称之美，就是欣赏中国传统文化之美，从中深刻体会中国茶文化的艺术底蕴和美学元素。

人们根据制作工艺和色泽，把茶分为六大类，分别用白、黄、绿、青、红、黑六种颜色来进行区分。

（一）月光白

属于白茶，微发酵，又名月光美人，也被称为月光白茶、月光茶。月光白奇香无比，形状奇异，上片白，下片黑，犹如月光照在茶牙上。汤色先黄后红再黄，清凉透澈。一经冲泡，香气四溢，入口后，回甘无穷，如图3-1。

（二）君山银针

属于黄茶，轻发酵，产于湖南岳阳洞庭湖中的君山，形细如针，故名君山银针。其成品茶芽头茁壮，长短大小均匀，茶芽内面呈金黄色，外层白毫显露完整，而且包裹坚实，茶芽外形很像一根根银针，雅称"金镶玉"，如图3-2。

图3-1　月光白

图3-2　君山银针

（三）西湖龙井

属于绿茶，零发酵，因产于中国杭州西湖的龙井茶区而得名。龙井是杭州地区的地名，又是泉和茶的名字。该茶有"四绝"：色绿、香郁、味甘、形美。优质的龙井茶干茶表面扁平光滑挺直，色泽嫩绿光润，香气鲜嫩清高，冲泡后滋味鲜爽甘醇，叶底细嫩呈朵，如图3-3。

（四）凤凰单丛

属于青茶，又称乌龙茶，半发酵茶，具有形美、色翠、味甘、香郁的特点。凤凰单丛，如图3-4，被誉为"茶中香水"，以香型众多、韵味独特而闻名，是中国茶叶品类中著名的高香类品种，香型包括蜜兰香、肉桂香、鸭屎香等。中国工程院院士刘仲华在品尝凤凰单丛茶后曾留下经典评价："喝凤凰单丛，第一杯一见钟情，第二杯念念不忘，第三杯不离不弃。"

图3-3　西湖龙井

图3-4　凤凰单丛

（五）金骏眉

属于红茶，全发酵，原产于福建省武夷山市桐木村，是红茶"鼻祖"正山小种的分支，如图3-5。每500g金骏眉需要数万颗的茶叶鲜芽尖，采摘武夷山自然保护区内的高山原生态小种新鲜茶芽，然后经过一系列复杂的萎凋、摇青、发酵、揉捻等加工步骤而得以完成。金骏眉是难得的茶中珍品，外形细小紧密，伴有金黄色的茶绒茶毫，汤色金黄，入口甘爽。

（六）普洱茶

属于黑茶，后发酵，发酵程度很高，在微生物的参与下，转化出很多对人体有益的特殊物质，如图3-6。明代李时珍著《本草纲目》中亦有"普洱茶出云南普洱"的记载，其外形色泽褐红、内质汤色红浓明亮、香气独特陈香、滋味醇厚回甘、叶底褐红。

图3-5　金骏眉

图3-6　云南普洱

二、茶的形态之美

我国的茶叶外观形态各有不同，绿茶、红茶、黄茶、白茶等一般都是由细嫩的茶芽制作而成。如绿茶就可分为光扁平直的扁形茶，如图3-7；细紧圆直的针形茶，如图3-8；紧结如螺的螺形茶，如图3-9；弯秀似眉的眉形茶，芽壮成朵的兰花形茶，

图3-7 扁形茶——太平猴魁

单芽扁平的雀舌形茶，圆如珍珠的珠形茶，片状略卷的片形茶，细紧弯曲的曲形茶，以及卷曲成环的环形茶等类型。

青茶属于叶茶，在茶人眼中，青茶也自有其美。例如安溪"铁观音"有"青蒂绿腹蜻蜓头"的形容，而武夷岩茶则有"绿叶红镶边"的说法。

对于茶叶的外形美，审评师的专业术语有显毫、匀齐、细嫩、紧秀、紧结、浑圆、圆结、挺秀等，而文士茶人们更是妙笔生花。宋代丞相晏殊形容茶的颜色之美为"稽山新茗绿如烟"；苏东坡形容当时龙凤团茶的形状之美为"天上小团月"；清代乾隆把茶芽形容为"润心莲"，并说"眼想青芽鼻想香"，足见这个爱茶皇帝的想象力。

图3-8 针形茶——沩山毛尖茶

图3-9 螺形茶——铁观音茶

三、茶的色泽之美

花美在色，是因为姹紫嫣红五彩斑斓，有各种鲜明亮眼的颜色，赏心悦目。而在茶事中色彩是重要的视觉元素，美的色泽既增进了食欲，又陶冶了性情，色彩天生具有的玄妙意象，能恰如其分地表现茶饮超然脱俗的气质。《茶经》曰："其（茶汤）色，缃也。"煮茶时产生的汤花唤为枣花、青萍、浮云、绿钱、菊英、积雪，如此丰富且具有想象力的比喻，使得青绿白黄的茶汤形色毕现，饶有趣味。

茶叶的色泽给人一种质量的美感。茶色之美包括干茶的茶色、叶底的颜色及茶汤的汤色三个方面。例如，绿茶要求色泽灰绿、汤色黄绿、叶底翠绿；红茶要求红汤、红叶、叶底红；黄茶要求黄汤黄叶、叶底黄亮；如图3-10至3-12。其中，茶叶汤色令人赏心悦目。在茶叶评审中，常用的术语有清澈、鲜艳、鲜明、明亮等。清澈是指茶叶汤色清净透明，鲜明是指茶叶汤色明亮且有光泽。明亮是指茶叶汤色清净透明，茶叶汤色一般可以用嫩绿、黄绿、浅黄、深黄、橙黄、黄亮、金黄、红艳、红亮、红明、浅红、深红、棕红、暗红等来描述。例如，质量上乘的普洱茶汤色红浓带金圈如油裹，像凝脂，似宝石，比玛瑙、琥珀还要光彩夺目、艳丽迷人。

图3-10　绿茶茶汤

图3-11　红茶茶汤

图3-12　黄茶茶汤

　　鉴赏茶的汤色，是挑器具的。最好用内壁洁白的素瓷杯，或晶莹剔透的玻璃杯，干净清洁。在光的折射作用下，茶汤的底层、中层和表面会幻化出三种色彩不同的光环，相映生辉，神奇美观。对此，不同朝代的茶人们有着许多诗意的描述。色泽艳丽醉人的茶汤拟为"流霞"，色泽清淡的茶汤比作"玉乳"，色彩变幻莫测的茶汤形容成"翠烟"。

四、茶的香气之美

　　不同的茶叶品类因为鲜叶品种和制作工艺等的差异而造成香气各有不同，有的甜润馥郁，有的清幽淡雅，有的高爽持久，有的鲜灵沁心，因茶之别而变化各异。然而，正是这种捉摸不定、变幻莫测之美，使得茶更具迷人的魅力，引得文人墨客争相赞颂。

唐代诗人李德裕描写茶香为"松花飘鼎泛，兰气入瓯轻"（《忆平泉杂咏·忆茗茶》），"轻"字形象地表达出如兰花般极为清雅的茶香随着茶的烹煮而逐渐散发出来的过程。宋代王禹偁赞龙凤茶"香于九畹芳兰气"（《龙凤茶》），茶香清幽如兰，虽不浓烈，却能随风飘送至数里之外，怎不令人心神顿开！宋代范仲淹诗云，"斗茶味兮轻醍醐，斗茶香兮薄兰芷"（《和章岷从事斗茶歌》），夸赞茶的滋味比醍醐更鲜美，茶的芳香似兰香却又比单纯的兰花之香更为美妙。

茶香缥缈不定、变化无穷，会随着温度的变化而变化。茶叶中含有众多香气化合物。这些物质有的在高温下挥发，有的在较低的温度挥发。茶香有的甜润，有的清雅；有的高爽持久，有的鲜灵沁心。按照评茶专业术语，仅茶香的性质就有清香、高浓、高香、幽香、纯香、毫香、嫩香、甜香、火香、陈香等；茶香的香型可分为花香型和果香型，或细分为水蜜桃香、板栗香、木瓜香、兰花香、桂花香等；香气的表现可分为馥郁、高爽、持久、浓郁、浓烈、纯正、纯和、平和等。

五、茶的味道之美

品茶时人们对于茶的味道感知不同，主要包括苦、涩、甘、鲜、活五味。苦是指茶汤入口，舌根感到一种不适味道，但茶苦并不是一个贬义，比如云南就有"苦茶"；涩是指茶汤入口有一股难以名状的麻舌之感，有些茶入口涩，但之后涩感可以在口中慢慢化开；甘字是指茶汤入口时的甜味；鲜是指茶汤的滋味清爽宜人；活主要是指品茶时人的心理感受，一般优质的茶叶在品饮的时候会让人感受到舒适、美妙、有活力。

茶叶富含多种营养成分，其中茶多酚是决定茶叶品质和口感的重要成分，是水浸出物里含量最高的一种物质，它能够影响茶的气味。比如：绿茶中氨基酸含量高、茶多酚含量低，口感鲜爽、醇和；而红茶中茶多酚含量高，口感就比较浓厚。

在品茶的时候人们总会有自己的一些感受，如"这茶好喝""有点苦""有点甜"。要想成为真正的"品茶高手"，就需要掌握一些专业的品茶术语。

（一）回甘

甘，在这里指与苦相对的"甜"。回甘，甜味回来了，字面上的理解就是指一开始滋味并不是甜的（反倒是苦涩的），随着时间的推移，舌头才渐渐地感觉出甜味。

（二）生津

生津，是饮完好茶后显著的生理体会。增益津液会使人感到舒坦。

（三）舌底鸣泉

生津的高境界就是"舌底鸣泉"。在咽下茶汤时，口腔会缩小范围，这时候就会将舌底下的茶水压迫出来，使其能涌向喉咙。这一过程中，舌底下的茶汤会持续冒起小泡，发出咕嘟咕嘟的声响。

（四）层次感

层次，指事物的先后顺序。用在品茶中，层次感就是指茶汤入口后，在舌尖是一个滋味，在舌面是另一个滋味，在舌根的滋味又有所不同。滋味有变化，就是茶汤有层次感的表现。

（五）喉韵

喉韵，喉头产生的甘爽的回味。喉韵相比回甘，相同点在于：同样感受到了"甘"。不同点在于：回甘，"甘"是被舌头所感受到的；喉韵，"甘"是被喉咙感受到的。

（六）饱满

饱满，指茶汤内含物质丰富而带给口腔的一种充实感。口感饱满主要表现在：茶汤入口时，能清楚地辨别出这并不是淡薄的水，而是浓稠的茶汤。

（七）顺滑

口感顺滑，主要表现在茶汤入口后不干、不燥，就像米汤入口后直接到了喉咙，没有丝毫阻碍感。

饮茶重在品味，决定茶味道的关键因素是茶叶的制作方法与水质，不同的制作方法、不同的水质都会产生不同的茶味。例如，云南苦丁茶先苦后甜，有清热解毒、消炎止渴的功效，该茶是精选天然苦丁茶树的嫩芽，利用纯手工特殊工艺制作而成。水质会直接影响茶汤质量，水质不好，则很难正确反映出茶叶的特性及色、香、味。明代许次纾在《茶疏》中言："精茗蕴香，借水而发，无水不可与论茶也。"因此，用上好的水泡茶才能真正品出茶的美味。

古人品茶极其注重茶的"味外之味"，人生百味，茶亦有百味。不同的人，不同的社会地位，不同的文化底蕴，不同的环境和心情，可从茶中品出不同的"味"。宋代欧阳修从茶中品出了人情如纸、世态炎凉的苦涩味；文彦博从茶中品出了春之味；苏轼从茶中品出了君子味。如此，中国的品茶已经超越了单纯物的层次，而艺术化地成为诗意心灵，典雅生活的一部分。

任务实施

冲泡一杯清香好茶

步骤1：明确主题。遇到亲友聚会、商务谈判，选择一款合适的茶叶进行冲泡，确定自己要拍摄的内容。

步骤2：确定形式。明确拍摄组图还是视频。视频拍摄要撰写拍摄脚本。

步骤3：选择拍摄主体。根据实际需要，选择合适的出镜人与拍摄环境，与拍摄相关人员沟通，确保拍摄质量。

步骤4：进行拍摄。选择合适的拍摄角度和光线条件，以展现场地的最佳效果。

步骤5：编辑制作。对拍摄素材进行剪辑选择，去除冗余部分，保留最精彩的内容；增加图片说明，视频添加标题、解说词、背景音乐和音效，增强视频效果；按照要求对作品进行格式转化和调整。

步骤6：发布上交。作品完成后，可将图片作品粘贴到"作品展示区"，或将视频上传到线上展示平台。

步骤7：反馈与优化。总结经验不足，提升发现美的敏锐性。

作品展示区

知识图谱

沁人心脾品茶韵
——品鉴一杯清香好茶

茶的名称之美
- 月光白
- 君山银针
- 西湖龙井
- 凤凰单丛
- 金骏眉
- 普洱茶

茶的形态之美

茶的色泽之美

茶的香气之美

茶的味道之美

| 拓展阅读 |

茶文化——"大文化遗产"观的生动实践

　　"开门七件事，柴米油盐酱醋茶"，茶被中国人视为基本生活物资。茶在我国有系统完整的知识体系、广泛的社会实践、成熟发达的传统手工艺技能以及种类丰富的手工制品。茶树种植、茶园管理、茶叶制作、饮茶习俗、茶叶贸易、茶具器皿制作……与茶相关的一切，深深融入了中国人生产生活的方方面面，从古至今都是中国人生活中不可或缺的组成部分。

　　2022年列入人类非物质文化遗产代表作名录的"中国传统制茶技艺及其相关习俗"，就有着极为丰富的内涵。它整合了44个相关国家级非遗项目，包含了绿茶、黄茶、黑茶、白茶、乌龙茶、红茶六大茶类及花茶等再加工茶的相关技艺，以及赶茶场、潮州工夫茶、径山茶宴等特色鲜明的相关习俗。

　　在长期实践过程中，制茶师们掌握了杀青、闷黄、渥堆、萎凋、做青、发酵、窨制等关键技艺，使不同的茶各具风味。如在武夷岩茶制作技艺中有复式萎凋，低温久烘，这是使大红袍呈现出"岩骨花香"独特风味的关键环节。"手不离茶，茶不离锅，揉中带炒，炒揉结合，连续操作，起锅即成"，则是洞庭山碧螺春采制技艺的技术要领。

炒茶也是很难掌握的一门重要技艺。西湖龙井制作技艺代表性传承人樊生华曾说：炒锅温度至少有220摄氏度，连续炒茶一个星期，手指关节都不能打弯。这一道工序，包含着手上的搭、磨、拓、斗、推等10多个动作，并要用像打拳一样的力量来控制，才能炒出西湖龙井独特而丰富而香。

揉、捻、搓的力度，通过双手拿捏；炒、烘、焙的温度，通过手心手背感应；发酵的程度，通过观、望、嗅来判断。经过制茶师的双手，茶树叶中含有的儿茶素、咖啡因、茶氨酸等成分被焕活为多种香气，造就了茶叶的灵魂。

中国人酷爱茶，不仅因为它的曼妙滋味。泡茶、喝茶、赏茶、品茶在1000多年前就形成了具有仪式性和审美性的茶道，对中国人的性情涵养产生深远影响。建窑建盏、宜兴紫砂壶、传统音乐茶山号子、传统舞蹈采茶灯、传统戏剧采茶戏等，都是为茶而生，茶为文化生活的丰富和再创造提供了不竭动力。

茶作为载体，也见证了中外文化交流的历史。如近邻的日本茶道、漂洋过海的英式下午茶，都源于中国茶叶。2019年，联合国大会宣布将每年5月21日确定为"国际茶日"，以赞美茶叶的经济、社会和文化价值。"中国传统制茶技艺及其相关习俗"列入人类非物质文化遗产代表作名录，进一步拓展和提升了中国茶的影响力。

茶，连接着人与自然，连接着历史与现实，连接着中国与世界，连接着文化、经济和美好生活。

目前，我国关于茶的文化遗产，包括全球重要农业文化遗产、人类非物质文化遗产、世界文化与自然双遗产等多种类型，成为深化"大文化遗产"观的典范，也将为新时期文化遗产保护带来启发。

（本文作者罗微，《人民日报》2023年2月4日刊）

| 任务拓展 |

红茶由中国开始，渐渐在不同的国家和地区落地、扎根。全球生产红茶的国家已经有数十个，遍布五大洲。可以说，如今的红茶，已经是闪亮亮的"国际茶"了。当红茶的风味随着地域分布而呈现多样化，红茶的品饮方式也变得更为丰富有趣起来，可以清饮，可以加奶、加糖、加水果等。当然也可以拼配、调味，甚至配上美味的点心，使饮茶成为一种仪式。

请制作一款调饮红茶，可以用文字记录过程，也可以用拍摄短视频的形式呈现调饮过程。作品需附带详细的说明，包括拍摄地点、时间、茶叶品类等，并与他人分享。

任务二　方寸之间显茶趣——布置一张精美茶席

情境引入

在忙碌的现代生活中，悠然地品味一杯好茶，是一种独特的享受。一张精美的茶席上，摆放整齐的茶具中，散发出淡淡的茶香，静静地感受自然与心灵的和谐共生，体验岁月的沉淀与文化的传承，生命在那一刻，因茶而美好。

作品赏析

问题驱动

1. 一张精美的茶席上有哪些必备物品？

2. 茶桌礼仪你知道多少？

3. 你对慢生活理念了解多少？

知识视窗

作为一个追求茶艺之美的人，不仅要会泡茶，还应懂得如何巧妙地设计茶席。挑选茶席背景和环境，煮好一壶水，选择合适的壶、合适的茶，摆好茶杯，插一枝花，焚一支香，品茗的同时，尽享环境之美、器物之美，这就是茶席带给我们的美好。

一、茶席之美

茶席的画面美感，与其他的艺术形式一样，都应当是以意境表达的深邃程度来确定其审美格调的高低。同时，茶席是一件兼具实用功能与审美功能的艺术作品，是"人类关于茶的充满惬意的领悟和享受"。一件好的茶席作品给人带来美的享受与无穷的遐想，体现出有边界的无限之美，并给人以精神的升华和思想的启迪，陶冶情操，修炼人格。

（一）什么是茶席

茶席始于我国唐朝。茶席是以人为本，借茶器育化茶汤，以茶盏为桥梁，让席主及客人在温馨素雅、清新如画的茶境中随心赏茶与品茶的美学空间（如图3-13）。每一个茶席都有属于它的主题和表达的意蕴。

茶席的设计，要体现出茶席的诗意美、画面美，悦目方能赏心，

图3-13 茶席

神驰物外，悠然自得。茶席的美，不是枯燥刻意的形式美，是对茶味、茶韵、茶意、茶境合乎功能性的诗意表达，正所谓"景无情不发，情无景不生"（宋·范晞文《对床夜语》）。现代生活中，无论是商务活动、家庭聚会，还是一个人独饮，茶席越来越多地出现在我们的生活中。茶席不仅体现了个人品味、审美与情趣，对交友、商务会谈也有很大的影响。

（二）茶席的基本要素

茶席设计是由茶具组合、席面设计、配饰选择、茶点搭配、空间设计五大元素组成。此外，还可以添加音乐、表演者服饰展示、表演等活动元素，使静止的茶席动起来，让人们得到美的享受。

1. 茶品

对于茶席设计来说，茶的选择尤为重要。因茶而有茶席，因茶而有茶席设计。在一切茶文化以及相关的艺术表现形式中，茶品既是源头，又是最终呈现的目标。因茶而产生的设计理念，往往会构成茶席设计的主要线索。

2. 茶具组合

茶具是茶席设计的基础，也是茶席构成因素的主体。茶席上的茶具都是以组合的形态呈现，并非单个茶具的堆积。在一张茶席之中，茶具组合可繁可简，按茶具的繁简程度来说，可分为两类：一是齐全配置。备水用具，如煮水器、水勺等；泡茶用具，如主泡器（茶壶或盖碗）、茶叶罐等；品茶用具，如公道杯、品茗杯、闻香杯等；辅助用具，如茶道六君子（包括茶则、茶针、茶漏、茶夹、茶匙、茶筒）、茶盘、茶巾、茶桌等。二是基本配置，即必须使用的，如茶壶、茶杯、茶叶罐、茶盘、煮水器等。

3. 铺垫

铺垫，是指茶席整体或局部物件摆放下的各种铺垫、衬托、装饰物的统称（如图3-14）。铺垫的质地、款式、大小、色彩、花纹的选择，应根据茶席设计的主题与立意要求，以对称、烘托、反差、渲染等手段加以表达，既可作流水蜿蜒之意象，又可如绿草茵茵之联想。

图3-14 茶席铺垫

4. 插花

茶席中的插花（如图3-15），不仅是为了增加美的视觉效果，更是为了体现茶的精神，追求崇尚自然、朴实秀雅的风格，并富含深刻的寓意。其基本特征是简洁、淡雅、小巧、精致，插花可以根据季节、茶品、茶器具等因素而进行选择。

5. 焚香

在茶席中，焚香（如图3-16）的地位一直十分重要。它不仅作为一种艺术形态融于整个茶席中，而且它散发出的芳香气味弥漫于茶席四周，使人在嗅觉上获得非常舒适的感受。焚香能够唤起人们意识中的某种记忆，从而使品茶的内涵变得更加丰富多彩。

图3-15 茶席插花

图3-16 茶席焚香

6. 挂画

挂画是将书法、绘画等作品靠挂于泡茶席或茶室的墙上、屏风上，或悬空吊挂于空中的一种行为。在品茗环境里，挂画还有一个作用，就是帮助主人表达他的茶道思想。所挂的画要与茶席相协调，整体的风格与美感要一致。

7. 其他物品

（1）自然物类，如石头、花草、树枝、树叶等。

（2）生活用品类，如生活日用品、服饰等。

（3）艺术品和工艺品类，如泥塑、木雕等。

（4）宗教用品类，如佛教、道教用品和法器等。

物品的选择要求只有与茶席主题相切合，才能够有效地陪衬、烘托茶席的主题。

8. 茶点

茶点，是对在饮茶过程中佐茶的点心和茶食的统称。品茶时，除了茶叶本身和冲泡的技巧外，茶点也是十分重要的角色（如图3-17）。首先，茶点带给人视觉上的享受，其外形、颜色、大小等要给人以适度的美感。其次是味道，无论什么种类的茶点，味道或浓或淡，或甜或咸，都要恰到好处，食之让人感到香气扑鼻，亲切陶醉。

图3-17　茶点

9. 背景

茶席的背景，是指为获得某种视觉效果所设定在茶席之后的某种艺术物态方式（如图3-18）。室外现成背景形式有：以树木为背景，以竹子为背景，以假山为背景，以街头屋前为背景等。室内现成背景形式有：以舞台作背景，以会议室主席台作背景，以窗作背景，以廊口作背景，以房柱作背景，以装饰墙面作背景，以玄关作背景，以博古架作背景等。

图3-18　茶席背景

（三）茶席的结构方式

茶席的结构形式多种多样，总体包含在中心结构式和多元结构式两个大的类型之中。

1. 中心结构式

中心结构式要求在茶席有限的铺垫或表现空间内，以该空间的中心为结构核心点，其他各因素均围绕结构核心来表现相互关系的结构方式。一般茶席中，茶具是主要构成因素，以茶壶、盖碗等主泡器为主。

2. 多元结构式

多元结构式，主要是茶席表面没有结构中心，是一种自由组合的结构形式。多元结构的表现形式不受束缚，可以自行确定其各部位组合的结构核心，包括流线式、散落式、桌与地面组合式等。

茶席设计，是物质与艺术、体力与智力相结合的一种劳动形式。煮水器、泡茶器、茶杯、插花、挂画、焚香、铺垫等，一器一物构成茶席的"实"。它们以真实的空间尺度，表达着茶席的语言和功用，由实入虚，虚中含实，以产生纷呈迭出的象外之象。它们彼此相互联系，决定茶席意境的整体生成。

总之，茶席之美，就是要在有限的空间范围之内，最大限度地创造美感，既要符合自然的规律，又要适应人们的欣赏习惯。

二、茶桌礼仪之美

茶承载着深厚的文化内涵。"柴米油盐酱醋茶"中，茶作为民间俗称开门七件事之一，贯穿于人们的日常生活。人们在交流的过程中，以茶敬客、以茶敦亲、以茶睦邻、以茶结友，形成了丰富多样的茶俗、茶礼。茶桌上的礼仪，是一种无声的语言，举手投足，无需言语，

扫码观看
红茶的品鉴

扫码观看
绿茶的品鉴

心意相通。无论你是主人还是客人，多了解一些茶桌上的礼仪是很有必要的。茶桌礼仪主要包括以下几点：

（一）先让坐，后备茶

入座后可以先询问客人的喝茶喜好，准备好茶品后，主人简要地介绍一下所冲泡的茶叶名称、产地、品质特征、冲泡要点及文化背景等，让客人仔细欣赏茶的外形、色泽和干香。

（二）做好茶具清洁

冲茶之前，一定要把茶具洗干净，尤其是久置未用的茶具，难免沾上灰尘、污垢，在冲茶、倒茶之前一定要用开水烫一下茶壶、茶杯，这样既卫生，又显得有礼。

（三）茶壶嘴不能正对他人

要注意放置茶壶时，壶嘴不能正对他人，正对他人则表示请人赶快离开。

（四）逆时针的讲究

在回转注水、温杯、烫壶等动作时，一般使用右手，按逆时针方向，类似于招呼

手势，寓意"来、来、来"表示欢迎；反之则变成暗示挥斥"去、去、去"；若为左手则为顺时针。

（五）七分茶三分情

倒茶，无论是大杯小杯，都不宜倒得太满，太满了容易溢出，一不小心，会烫伤自己或客人的手脚，使宾主都很难为情。当然也不宜倒得太少，倘若茶水只遮过杯底就端给客人，会使人觉得是在装模作样，不是诚心实意。所以有"七茶八酒"的说法，即斟茶时只斟七分即可，暗喻了"七分茶三分情"之意。

（六）按顺时针方向倒茶

一般茶主人都以右手持壶或公道杯为宾客倒茶，并应按照顺时针方向倒茶，这样壶口或公道杯口是倒退着为宾客分茶。若自左到右逆时针，壶口向前冲着为宾客倒茶，壶嘴不断向前行如一把利刃，变成一种含侵略性的动作，会让人感觉不适。

（七）端茶要得法

按照我国的传统礼仪，要用双手给客人端茶。双手端茶时要注意，对有杯耳的茶杯，通常是用一只手抓住杯耳，另一只手托住杯底，把茶端给客人。没有杯耳的茶杯，给它倒满茶之后周身滚烫，双手不好触碰，一般建议把茶杯放在茶托上，双手奉茶（如图3-19）。

图3-19　双手奉茶

（八）先尊后卑，先老后少

敬茶时，遵循先尊老人、后是卑幼的顺序来，而敬茶时除了论资排辈外，还得先敬宾客再敬自家人，在场的人全都喝过茶之后，掌茶人才可以自己饮茶，否则就是对客人的不尊重。

三、茶生活之美

中国式的品茶是一个缓慢的过程，能使人自悟、渐悟。茶，是一种生活方式，是一种生活态度，更是一种文化传统。

现代茶文化正在潜移默化地影响着年轻一代。如果你想要远离喧嚣，适时地静下来，给心灵留一片净土，可专注于沏一杯茶，享受短暂的宁静，让身心放松。

喝茶未必一定要在茶馆，不论是在家还是在办公区，我们都可以置一款简易的茶台，布一个小小的茶席，煮水投茶，张弛有度，出汤倒茶，从容不迫，品味每一杯茶的精髓所在（如图3-20）。

茶席中美妙的韵律营造出安全稳定的空间和心境，带来舒适和愉悦。一杯茶，可以点缀我们的生活，让我们在平凡的生活中找到一种久违的归属感。

生活需要这种小小的仪式感，在其背后，更多体现的是人们对生活的热爱和尊重。在爱茶人士眼里，即使在一个狭小而简易的茶空间里，也可以营造出一个简单而别具情调的茶室，让自己从浮躁纷繁和喧嚣浮华的生活中静下来，尽情沉醉于这种美好的"慢生活"中。

图3-20　茶室空间

任务实施

布置一张精美茶席

方寸之间，即为天地。再平常无奇的事物，在茶人指间也能幻化出一方天地；看似简单的器具摆放、空间营造，却蕴含着深刻的意味。请同学们设计、布置一张属于自己的茶席。一席一世界，从中可以发现设计者的独具匠心的智慧。

步骤1：布置现场环境，做好茶具等准备。

步骤2：确定呈现形式。明确拍摄组图还是视频。

步骤3：选择拍摄主体。选择合适的茶席布置者，寻找合适的环境。

步骤4：进行拍摄，编辑制作。选择合适的拍摄角度和光线条件，以展现场地的最佳效果。对拍摄素材进行剪辑选择，增加图片说明，视频添加标题、解说词、背景音乐，增强视频效果；按照要求对作品进行格式转化和调整。

步骤5：发布上交。作品完成后，可将图片作品粘贴到"作品展示区"，或将视频上传到线上展示平台。

步骤6：反馈与优化。总结经验不足，提升发现美的敏锐性。

作品展示区

知识图谱

中华饮食文化精神

　　中国精神文化的许多方面都与饮食有着千丝万缕的联系，大到治国之道，小到人际往来都是这样。

　　中国人善于在极普通的饮食生活中咀嚼人生的美好与意义，哲学家更是如此。庄子认为上古社会最美好，最值得人们回忆与追求，其最重要的原因就是人们可以"含哺而熙，鼓腹而游"，也就是说吃饱了，嘴里还含着点剩余食物无忧无虑地游逛，这才能充分享受人生的乐趣。先秦哲学家中最富于悲观色彩的庄子尚且如此，那么积极入世的孔子、孟子、墨子、商鞅、韩非等人就更不待言了。尽管这些思想家的政治主张、社会理想存在很大分歧，但他们哲学的出发点却都执着于现实人生，追求的理想不是五彩缤纷的未来世界或光怪陆离的奇思幻想，而是现实的、衣食饱暖的小康生活。所以，《论语》《孟子》《墨子》才用了那么多的篇幅讨论饮食生活。饮食欲望，一般说来容易满足，"啜菽饮水"，所费无几，即可果腹，所以人易处于快乐之中，李泽厚说中国古代文化传统是乐感文化，是有理由的。

（节选自王学泰《中华饮食精神》，《光明日报》2006年11月30日刊）

| 任务拓展 |

茶文化的魅力不仅在于其丰富的历史和文化内涵，更在于它为人们的生活注入了一股淡淡的宁静和美好。请撰写一篇关于茶文化及从中感受到的慢生活理念的文章，作品文体不限，字数在1000字左右。

任务三　唇齿留香尝美食——品尝一碟东方佳肴

情境引入

民以食为天。孔子说："饮食男女，人之大欲存焉。"饮食活动是有史以来贯穿人类生存与发展的最原始、最基本、最紧密，也是最积极的实践活动之一。传统美食是中华文化的重要组成部分，它承载着丰富的历史和文化信息，是中华文明传承的重要载体。请你去了解和品尝一道地方特色美食，说一说它的特别之处与历史渊源。

作品赏析

问题驱动

1. 关于中国的传统美食，你知道哪些？请列举出来。

2. 你最难以忘怀的一道家乡美食是什么？

3. 中国美食之美的具体表现有哪些？

知识视窗

中国饮食文化源远流长，在几千年历史中不断融合、发展、创新，菜系繁多到几乎每一种方言就有一种菜系，可谓当之无愧的美食大国。

习近平总书记指出，文化自信，是更基础、更广泛、更深厚的自信。在中国优秀传统文化中，美食是一种文化、一种艺术，甚至是哲理和思想的体现。通过美食，人们不仅能够感受到生活的轻松舒适，而且还能够提升对生活的热爱之情。

一、中国美食的五大元素

食物烹饪是一门综合艺术。食物巧妙的颜色搭配、令人开胃的气味、摆盘的形状和有独特蕴意的名字，以及盛装美食的器皿等，都是食之美的重要组成部分。正所谓色、香、味、形、器俱全。因此，食物的美感远不局限于尝起来的口感，而应该具有综合的美感体验。

（一）色之美

美食的色泽可以增添食欲，美化菜品。如图3-21中的小龙虾，给食客鲜明、强烈的第一印象，从而影响人的情绪，激发人的食欲。

（二）香之美

菜肴经过煮、炖、炒、煎、炸、蒸、焖、烤等一系列的加工可以散发出不同的香气，常常被

图3-21　小龙虾

分为煮香、酱香、煎香、鱼香，蒸出来的香，炖肉、炒肉的香等。菜品经过厨师的精心烹饪，会出现不同的味道，如鲜香味、红油味、酸甜味、苦味、甜味、芥末味、胡辣味、辣味、麻辣味、酸辣味、蒜香味、复合味等。

由于食材中富含醇、酚、醛、酯、醋、酮等化合物，经过烹饪挥发后，直接作用于人的嗅觉，给人以香气扑鼻的愉悦感，从而诱发食欲。

（三）味之美

何谓美味？只要是食客喜爱的味道，就是美味。古人云："物无定味，适口者珍。"有的人喜欢原汁原味，有的人却喜欢复合味；有的人偏爱清淡，主张菜品以清炖、清蒸为主，有的人则喜欢味浓之菜，甚至有人对怪味也情有独钟。

味之美恶，除了调味品种齐全、质地优良等物质条件外，关键在于厨师调配得是否恰到好处。对调料的使用比例、下料次序、调料时间等都要严格要求，要做到一丝不苟，才能使美食真正有味。食物本味、配料和主料之间的味，以及调料的调和之味，交织协调融合在一起，互相补充、互相渗透，定会给食客以新的感觉。

中国的烧烤遍布大江南北，各有特色。淄博烧烤（如图3-22），因需用一方小烤炉亲手烤制菜品和小饼卷肉而闻名，鸡鸭鱼羊、蔬菜菌菇，皆可烧烤。拿两串吱吱冒

油的肉串，先裹上蘸料，然后摊在小饼上，手掌握住小饼将肉串攥紧，往后一拉签子，几块肉就这样完整包裹在小饼里面了，再放一段葱叶或者葱白，这么一卷，就成就了味道层次丰富且独一无二的淄博烧烤。

（四）形之美

形就是菜品的造型，好的造型使人赏心悦目，能够有效地激发食客们的食欲，同时给人带来美感。

中国菜的造型多种多样，烹饪前可利用食品原料的天然形态造型，也可通过刀工、捏塑、雕刻、拼摆、镶嵌等进行造型处理。菜品烹饪完，在装盘时也可借助鲜花、水果等来排盘。淄博博山的豆腐箱（如图3-23）属于鲁菜中的代表菜品，采用优质豆腐为主料，内部装有炒过的蝇头豆腐、海米、木耳、砂仁粉等丰富的馅料，整个外观通过油炸、勾欠，成品有金箱之貌。

图3-22　淄博烧烤

图3-23　豆腐箱

（五）器之美

器，指装菜的器具。中国饮食文化源远流长，人们常说"美食不如美器"，因为饮食中也有审美意识的觉醒，在享用美食时，器具若是雅致，也能有悦目悦心的审美体验。

器是中国饮食文化的要素之一，如图3-24。一般来说，光洁明亮给人以典雅、洁净之感，淡绿色给人以清新、生机之感，粉红色给人以热烈快乐之感，牙黄色给人以雍容、华贵之感。有些食客在吃完美食之后还

图3-24　食物器具

将碗翻转仔细观赏一番，爱不释手，它所体现的是一种饮食文化的艺术价值——给人以美的享受。由此可见，美器美食完美搭配，才是中国人所追求的饮食哲学。

二、中国四大菜系

民以食为天，食物是人类生存的物质基础，我国作为世界三大烹饪王国之首，可见烹饪技艺与地位之高超。我国地域辽阔物产丰富，十里不同风，百里不同俗。其实早在商周时期，中国的膳食文化已有雏形；再到春秋战国的齐桓公时期，饮食文化中南北菜肴风味就表现出差异。到唐宋时，南食、北食各自形成体系。到了南宋时期，南甜北咸的格局形成。发展到清代初期时，形成"四大菜系"，分别为鲁菜、川菜、粤菜、淮扬菜。

（一）鲁菜

鲁菜又叫山东菜，以其味鲜脆嫩、风味独特、制作精细的特点享誉海内外。鲁菜发端于春秋战国时的齐国和鲁国（今山东省），形成于秦汉。宋代后，鲁菜就成为"北食"的代表。

1. 鲁菜的特点

（1）选料讲究：山东古为齐鲁之邦，由于其地理位置的优越性，海鲜、粮油、肉类、蔬菜、果品、昆虫、野味一应俱全，为烹饪提供了丰盛的基础条件。

（2）烹调技法全面：庖厨烹技全面，巧于用料，注重调味，适应面广。鲁菜常用的烹调技法有30种以上，其中尤以"爆、炒、烧、塌"等最有特色。"爆"瞬间完成，营养素保护好，食之清爽不腻；"烧"有红烧、白烧，著名的"九转大肠"是烧菜的代表；"塌"是山东独有烹调方法，其主料要事先用调料腌渍入味或夹入馅心，再沾粉或挂糊，两面塌煎至金黄色，再放入调料或清汤，以慢火煮尽汤汁，使之浸入主料，增加鲜味。

（3）调味纯正，口味咸鲜适口：具有鲜、嫩、香、脆的特色。十分讲究清汤和奶汤的调制，清汤色清而鲜，奶汤色白而醇。用肥鸡、肥鸭、肥肘子为主料，经沸煮、微煮，使汤清澈见底，味道鲜美。用"清汤"和"奶汤"制作的数十种菜，多被列入高级宴席的珍馔美味。

（4）烹制海鲜有独到之处：对海珍品和小海味的烹制堪称一绝。在山东，无论是参、翅、燕、贝，还是鳞、介、虾、蟹，经当地厨师妙手烹制，都可成为精彩鲜美的佳肴。胶东沿海生长的比目鱼（当地俗称"偏口鱼"），运用多种刀工处理和不同技法，可烹制成数十道美味佳肴，其色、香、味、形各具特色，百般变化于一鱼之中。以小海鲜烹制的"油爆双花""红烧海螺""炸蛎黄"以及用海珍品制作的"蟹黄鱼翅""扒原壳鲍鱼""绣球干贝"等，都是独具特色的海鲜珍品。

（5）善于以葱香调味：在菜肴烹制过程中，不论是爆、炒、烧，还是烹调汤汁，都以葱丝（或葱末）爆锅，就是蒸、扒、炸、烤，也借助葱香提味。

2. 著名菜肴

经典菜品有糖醋鲤鱼、葱烧海参、九转大肠（如图3-25）、糖醋里脊（如图3-26）、木须肉、枣庄辣子鸡、济南把子肉、拔丝山药、奶汤蒲菜、胶东四大拌、泰山三美汤等。

图3-25　九转大肠　　　　　　　　　　　图3-26　糖醋里脊

（二）川菜

川菜也是中国四大菜系之一，特点为"清鲜见长，麻辣见称"，素来享有"一菜一格，百菜百味"的声誉，历史悠久，源远流长。主要调味品以辣椒、胡椒、花椒、豆瓣酱等为主，味型多样，经过烹调能够呈现出脍炙人口的麻辣、酸辣、椒麻、麻酱、蒜泥、芥末、红油、糖醋、鱼香、怪味等各种味型。

1. 川菜的特点

川菜的特征有取材广泛、调味多样、菜式适应性强等。烹调方法也多种多样，有炒、煎、干烧、炸、熏、泡、炖、焖、炝、贴、爆等。在口味上讲究色、香、味、形，兼有南北之长，以味的多、广、厚著称。历来有"七味"（甜、酸、麻、辣、苦、香、咸），"八滋"（干烧、酸、辣、鱼香、干煸、怪味、椒麻、红油）之说。

2. 著名菜肴

干烧岩鲤、鱼香肉丝、干烧鳜鱼、夫妻肺片、灯影牛肉、怪味鸡、宫保鸡丁（如图3-27）、粉蒸牛肉、麻婆豆腐（如图3-28）、干煸牛肉丝、毛肚火锅、担担面、龙抄手、赖汤圆等。

图3-27 宫保鸡丁　　　　　　　　　　图3-28 麻婆豆腐

（三）粤菜

粤菜的特点是清鲜、爽滑、脆嫩，讲究清而不淡，鲜而不俗，脆嫩不生，油而不腻。配料不杂，调料以清新为本，讲求色、香、味、型，且以味鲜为主体。

1. 粤菜的特点

第一，粤菜选料花样繁多，天上飞的、地上爬的、水中游的，几乎都能上席；第二，用量精而细，配料多而巧，装饰美而艳，而且善于在模仿中创新，品种繁多；第三，注重质和味，口味比较清淡，力求清中求鲜、淡中求美。然而，随季节时令的变化，口感上也会有变化，夏秋偏重清淡，冬春偏重浓郁。

2. 著名菜肴

烤乳猪（如图3-29）、白灼虾、龙虎斗、太爷鸡、香芋扣肉（如图3-30）、红烧大裙翅、黄埔炒蛋、炖禾虫、狗肉煲、五彩炒蛇丝、菊花龙虎凤蛇羹等。

图3-29 烤乳猪　　　　　　　　　　图3-30 香芋扣肉

（四）淮扬菜

淮扬菜，始于春秋，兴于隋唐，盛于明清，素有"东南第一佳味，天下之至美"

的美誉。许多标志性事件的宴会都是淮扬菜唱主角：1949年中华人民共和国开国大典首次盛宴，1999年中华人民共和国成立50周年大庆宴会，2002年江泽民总书记宴请美国总统乔治·布什等，都是以淮扬菜为主。

1. 淮扬菜的特点

淮扬菜最大的特点是追求本味、清鲜平和。在选料上要求严谨，原料多以水产为主，注重鲜活；制作准则上，在于"醉蟹不看灯、风鸡不过灯、刀鱼不过清明、鳄鱼不过端午"，这样能够确保盘中的美食原料均是绝佳状态；形态上要求精致，滋味醇和，又十分讲究刀工，比较精细，尤以瓜雕享誉四方；火候上讲究火功，擅长炖、焖、煨、焙、蒸、烧、炒。

2. 著名菜肴

清炖蟹粉狮子头（如图3-31）、大煮干丝（如图3-32）、三套鸭、水晶肴肉、松鼠鳜鱼、梁溪脆鳝等。其菜品细致精美，格调高雅。

图3-31　清炖蟹粉狮子头

图3-32　大煮干丝

任务实施

品尝一款当地美食

步骤1：明确主题。品尝当地一款地方知名美食，并记录下来。

步骤2：确定形式。明确拍摄组图还是视频。

步骤3：选择拍摄主体。围绕自己的生活，确定拍摄内容和脚本，确保拍摄质量。

步骤4：进行拍摄。选择合适的拍摄角度和光线条件，以展现场地的最佳效果。

步骤5：编辑制作。对拍摄素材进行剪辑选择，保留最精彩的内容；增加图片说明，强调分析美食之美。视频添加标题、解说词、背景音乐，增强视频效果；按照要求对作品进行格式转化和调整。

步骤6：发布上交。作品完成后，可将图片作品粘贴到"作品展示区"，或将视频上传到线上展示平台。

步骤7：反馈与优化。总结经验不足，提升发现美食之美的敏锐性。

作品展示区

知识图谱

中国美食的五大元素
- 色之美
- 香之美
- 味之美
- 形之美
- 器之美

唇齿留香尝美食
——品尝一碟东方佳肴

中国四大菜系
- 鲁菜
- 川菜
- 粤菜
- 淮扬菜

| 拓展阅读 |

山东十大特色小吃

山东，这片古老的土地，不仅孕育了深厚的文化底蕴，更滋养了众多令人垂涎欲滴的特色小吃。这些小吃不仅是山东人民日常餐桌上的美味佳肴，更是展现山东饮食文化的重要载体。以下是山东十大特色小吃。

一、煎饼卷大葱

说起山东小吃，首当其冲的便是煎饼卷大葱。一张薄如蝉翼的煎饼，包裹着鲜嫩多汁的大葱，再蘸上些许酱料，一口咬下，香脆与辛辣交织，那种满足感简直无法用言语表达。煎饼的制作看似简单，却需要煎饼师傅们精湛的技艺和多年的经验，才能确保每一张煎饼都薄如纸、脆如酥。而大葱的选择更是讲究，要选用新鲜、嫩绿的青葱，这样搭配煎饼才能吃出最佳的口感。

二、德州扒鸡

德州扒鸡，作为山东的传统名吃，以其色泽金黄、肉质酥嫩、香气四溢而著称。扒鸡的制作过程烦琐而讲究，首先要选用本地土鸡，经过腌制、油炸等多道工序后，再用特制的酱汁慢火炖煮，直至鸡肉入味、酥烂。扒好的鸡肉脱骨而不散，口感极佳，无论是作为下酒菜还是馈赠亲友，都是极好的选择。

三、济南油旋

济南油旋，这道传统名点以其独特的外形和口感而备受喜爱。油旋的外形酷似螺旋，表面金黄酥脆，内里则柔软香甜。制作油旋时，需要将面团擀成薄片，涂抹上香喷喷的油酥，然后卷成漩涡状，最后放入烤炉烘烤。烘烤后的油旋，吃下的每一口都散发出醇厚的麦香和油酥的芳香，让人回味无穷。

四、青岛锅贴

青岛锅贴，这道看似普通的小吃，却隐藏着不简单的美味。锅贴的外形与煎饺相似，但底部更为酥脆，面皮软嫩，馅料则十足丰富。锅贴的馅料可以根据个人喜好选择，常见的有海鲜、三鲜等口味。锅贴煎制时，要掌握好火候和时间，确保底部煎至金黄酥脆，而面皮则保持软嫩。咬一口锅贴，汤汁四溢，馅料鲜美，让人欲罢不能。

五、周村烧饼

周村烧饼，这道源自淄博市周村区的地道美食，以其香脆可口的口感而广受好评。

烧饼的制作工艺十分讲究，需要选用优质的面粉和芝麻等原料，经过多次擀制、折叠、烘烤等工序后，才能制成香脆可口的烧饼。烧饼的口感层次分明，外酥里嫩，每一口都能品尝到芝麻的香气和面粉的甜香，让人回味无穷。

六、济南把子肉

把子肉是山东济南的传统名菜之一，以其酥烂入味、肥而不腻的口感而著称。

把子肉选用五花肉为主料，搭配秘制酱料炖煮而成。经过长时间的炖煮，五花肉中的脂肪被充分炖出，使得肉质酥烂而不油腻。

七、潍坊肉火烧

潍坊肉火烧，这是潍坊的特色美食。肉火烧的外皮酥脆，内馅鲜嫩多汁，咬一口，肉香四溢，让人欲罢不能。其制作工艺十分讲究，从选料到制作都有着严格的要求，只有这样才能保证其独特的风味。

八、胶东鲅鱼水饺

胶东鲅鱼水饺以新鲜的鲅鱼为馅料，加入适量的葱姜、韭菜等调料制作而成。鲅鱼水饺的特点是皮薄馅大，口感鲜美，鲅鱼的鲜味与韭菜的香味完美结合，让人回味无穷。

九、淄博烧烤

淄博烧烤以其独特的风味而闻名。淄博烧烤的特点是用小烤炉烤制，边烤边吃，非常有趣。烧烤的食材种类丰富，有羊肉、牛肉、五花肉、鸡翅等，再加上独特的调料，让人回味无穷。

十、单县羊肉汤

单县羊肉汤以其鲜美的口感和浓郁的香气而闻名。单县羊肉汤的制作工艺独特，需要选用优质的羊肉，经过长时间的炖煮而成。羊肉汤的汤汁洁白如玉，味道鲜美，营养丰富，是冬季滋补的佳品。

| 任务拓展 |

每个地区都有自己独特的饮食文化，比如，面塑花馍是一种胶东美食，你的家乡有哪些美食？请收集2—3种比较有代表性的家乡美食，并记录其制作过程。

作品要求：

1. 制作过程要全面。

2. 作品需附带详细的说明，包括拍摄地点、时间、美食的简介及其文化背景等信息。

缤纷校园之美

人创造环境，同样，环境也创造人。

——马克思《德意志意识形态》

　　人生活在一定的环境之中，必然要受环境的耳濡目染。大学生既受社会大环境的感染，也受校内小环境的熏陶，而且这种熏陶更直接，其影响和作用力更大。校园环境可以陶冶学生的精神性情，它属于学校美育的一部分。高雅舒服的校园景观、多彩丰富的校园活动、独特向上的校园文化可以使学生体验美、发现美、感受美，并促进学生对美的认知、美的认同，形成正确的审美标准，从而树立崇高的审美理想，更好地促进学生的健康成长。

　　大学校园，不仅是一所充满人文气息的学府，更是一个充满生机与活力的地方，里面的历史底蕴与现代科技并置，青春身影和草木流光共生，成为塑造并化育人生的心灵之所，让我们一起来探寻大学校园的缤纷之美吧！

项目目标 ▶▶▶

知识目标

1. 了解校园美的内涵。

2. 了解学校的环境色彩设计原则。

3. 掌握室内空间设计原则。

能力目标

1. 能挖掘并记录校园中的美。

2. 能多角度欣赏校园之美。

3. 能分析与表达校园之美。

素质目标

1. 具备发现校园环境美的审美意识。

2. 具备感受校园美的审美素养。

3. 具备对学习、生活等环境的热爱。

项目展开 ▶▶▶

为了系统而直观地实现以上目标，该项目按照以下三个工作任务有序化展开。

任务一　领略校园环境美——定格校园最美一角

任务二　感受校园多彩美——品味色彩视觉盛宴

任务三　装饰校园创造美——打造空间美学方案

任务一　　领略校园环境美——定格校园最美一角

情境引入

从宽广的道路到弯曲的小径，从绿树成荫到繁花似锦，从错落有致的建筑群到各种功能完备的设施，从图书馆里沉浸阅读在操场上挥洒汗水，这些元素共同构建了既符合学术氛围，又富有生机活力的校园环境。请用手机、相机、画笔记录下你所发现的校园最美一角，以文字说明它美在何处。

作品赏析

问题驱动

1. 你认为校园的环境美体现在哪些方面？

2. 谈一谈你所在校园的文化底蕴。

3. 你认为校园自然景观在师生日常生活中起到哪些作用？

知识视窗

一、认识校园环境美

大学校园是探寻知识的宝库，也是进行美的熏陶的重要园地，所以，大学校园不仅适合学习与工作，还讲求美化，因地制宜地铺设草地，植树种花，设置喷泉、雕塑，修建楼台亭阁等，使整个校园变成一座"园林"，成为赏心悦目的风景区。优美的自然环境不仅提供了宜人的学习和生活环境，还能够陶冶师生的情操，培养其审美情趣。

二、发现校园环境美

（一）浓缩历史的校园人文、自然景观

校园标志性雕塑是学校文化观念与品位的一个重要外在表现形式，有人把它称之为"校园的眼神"，它是校园文化和精神的浓缩，是校园建筑布局的核心和景致规划中的灵魂。校园标志性雕塑的主体可以是学校精神的图腾，比如雄鹰、海豚等，可以是学校标志的立体化再现，也可以是学校精神的抽象化设计。一个学校的标志性雕塑可以是单一的，也可以是上述三者的结合。

许多高校的特色场景不是那楼、那山、那树，而是掩藏在景观背后的人文。"情因景生，景为情造"。它可能是完全人文的，比如学校里的杰出代表或功勋校长的塑像，如北京大学的蔡元培像（如图4-1）、浙江大学的竺可桢像，它给师生营造的是一种归属感，寻找记忆的重点；也可能是人文赋予自然的，梅贻琦先生曾说，"大学者非大楼之谓也，而大师之谓也"，他们的心灵与风景交融，写出佳作名篇，成为文化和历史珍品，从而形成名胜古迹的自然沉淀。如清华大学的近春园"荷塘月色"景点，原本风景优美，加上朱自清先生所写的《荷塘月色》，便成为吸引万千学子、具有无穷魅力的校园景观；有的是学校的历史渊源沉淀下来的景观，比如北大的未名湖、浙江大学的求是学院（如图4-2）、兰州大学图书馆等；有些是学校地域性相关特有的景观，比如浙江大学内水景的处理与西溪湿地有异曲同工之妙。

图4-1　北京大学　蔡元培雕像　　　　图4-2　浙江大学求是学院

（二）蕴涵人文、艺术、科学精神的校园建筑

"建筑是无声的音乐""建筑是凝固的音乐"，有意识、有目的地在校园营建人文景观，充分发挥校园凝重、浓厚的文化承载作用，寄人文知识于环境布局、建筑风格之

上，对于传播文明、养成良好的道德习惯具有重要的意义，可以说校园建筑是一部生动的教科书。

　　例如，清华大学的水木清华建筑融合了中国传统建筑风格（如图4-3），展现了悠久的历史传统，体现了学校对于传统文化的尊重。漫步在这些古老的建筑群中，仿佛能够感受到历史的厚重，激发起人们对知识的渴望和对学术的敬仰。

图4-3　清华大学　水木清华

　　随着科技的发展和教育理念的更新，现代校园建筑在设计上更加注重人性化、环保和科技感的融合。山东轻工职业学院的丝绸文化创意园（如图4-4），交错线、几何形状等设计元素的运用，使校园建筑更具现代感和艺术性。

图4-4　1960丝绸文化创意园

　　校园建筑之美，还在于它与周围环境的和谐共生。许多校园建筑设计充分考虑了与自然环境的融合，如利用地形地貌、植被等自然元素，打造出一个个如诗如画的校园景观。武汉大学校园中西合璧的宫殿式建筑群（如图4-5），古朴典雅、巍峨壮观，春天落英缤纷，让人心醉，堪称"近现代中国大学校园建筑的佳作与典范"。

图4-5　武汉大学

（三）适应现代教育发展、功能齐全的知识殿堂

　　良好的学习条件既能催人奋进，又能影响学生的言行，陶冶学生的情操。随着我国高等教育事业的不断发展，国家加大对教育的投资力度，高度重视和关注教育事业的发展，在教育基础设施建设、教师队伍建设和教育环境建设上予以极大的支持和投入。各高校除了继续关注教学质量外，也纷纷将目光投向办学条件的改善，特别是在基础设施建设上，多方面筹措资金，新建、改建、扩建各种途径并举，各

图4-6 教室里的学习讨论

地涌现出一大批适应现代教育发展、功能齐全的教学楼、综合楼，教学设施不断完善，学生的学习条件得以改善。校园长廊、校园展厅、校园广播、校园网络等展示平台，为所有学生提供展示艺术才能的机会。宽敞明亮的教室，藏书丰富的图书馆，充满艺术气息的展厅，先进的多媒体教学设施等，不仅满足了师生们的学习需求，而且给他们提供了一个可以自由探讨的学习空间（如图4-6）。

（四）积极向上、健康文明的生活氛围

学生公寓和校园食堂与每一个学生紧密相关。学生公寓是大学生在校学习、生活、交往的重要场所，大学生的绝大多数时间要这里度过。寝室内成员的生活作风、道德规范、审美情趣和行为习惯等都会在相互之间产生影响。干净、整洁、有序的宿舍能反映出同学间团结友好的协作精神和良好的清洁卫生习惯。公寓内高雅的环境布置，给人以美感和艺术享受。一幅图画、一句名言、一个独特的装饰，都向学生展现着真善美的内涵。

许多高校后勤的食堂以其特有的食堂文化影响着每一位就餐者——润物无声。墙上挂有高雅的装饰画，错落有致，美观得体；大厅内干净整洁，多种灯光交相辉映；售卖台上摆放着种类齐全的各式菜肴，香气扑鼻，充足的阳光从明亮的窗户洒进来，洒在桌椅上，洒在每个同学的心里（如图4-7）。

"人创造环境，环境也创造人"。校园环境潜移默化地作用于师生员工，塑造着师生员工的良好心态和美好心灵，提高了师生员工的学习效率和生活质量。每所学校都有自己独特的校园之美，发现校园美，感受校园美，才能使其真正发挥环境育人的功能。

图4-7 大学食堂

任务实施

发现校园最美一角

步骤1：明确主题。明确要表达的主题，从校园环境中，选择确定自己要拍摄的内容。

步骤2：确定形式。明确拍摄组图、视频或者手绘。

步骤3：明确细节。明确校园建筑以及周围的自然环境因素，包括植被动物状况、特殊的地形地貌、哪些是值得尊重和利用的环境条件（比如百年的古树）。

步骤4：任务实施。选择合适的角度和光线，以达到最佳拍摄、手绘效果。

步骤5：编辑制作或者手绘效果图完善。对拍摄素材进行剪辑，添加标题、文字说明、背景音乐，按照要求对作品进行格式转化；对手绘效果图进行修改与完善。

步骤6：作品提交。作品完成后，可将图片作品粘贴到"作品展示区"，或将视频上传到线上展示平台。

作品展示区

知识图谱

```
                      ┌─────────────┐
                      │ 认识校园环境美 │
                      └─────────────┘
┌──────────────────┐
│ 领略校园环境美      │                          浓缩历史的校园人文、自然景观
│ ——定格校园最美一角 │
└──────────────────┘        ┌─────────────┐    蕴涵人文、艺术、科学精神的校园建筑
                      │ 发现校园环境美 │
                      └─────────────┘    适应现代教育发展、功能齐全的知识殿堂

                                          积极向上、健康文明的生活氛围
```

| 拓展阅读 |

"天圆地方"的高校图书馆

山东农业工程学院图书馆

鲁班奖是中国建筑业协会评选的中国建筑行业工程质量最高荣誉，被称为"中国建筑业的奥斯卡"。

中国建筑业协会揭晓2022至2023年度中国建设工程鲁班奖（国家优质工程）名单，山东农业工程学院（淄博校区）图书馆，荣登鲁班奖榜单。

无论从山东农业工程学院（淄博校区）哪个校门走进校园，看到的一定是"天圆地方"的图书馆。人工湖畔，图书馆白色的墙体犹如打开的书本，深蓝色的弧形玻璃幕墙通透美观，环绕在幕墙顶端的木色遮阳板鳞次栉比，使得图书馆整体建筑宏伟大气、庄重儒雅。

（节选自《创新铸就精品工程　匠心添彩城市品质》，《鲁中晨报》2024年1月23日刊，标题及正文均有改动）

| 任务拓展 |

中国传统建筑蕴含着丰富的美学思想和博大精深的文化内涵。寻找当代知名建筑，发现其蕴含的中国传统建筑美学思想，并与同学们分享你对建筑之美的认识。

作品要求：

1. 整理收集当代知名建筑图片和文字介绍等资料。

2. 图片需附带详细的说明，对知名建筑及其蕴含的建筑之美做简要介绍。

任务二　感受校园多彩美——品味色彩视觉盛宴

情境引入

春日繁花似锦，夏日绿树成荫，秋日硕果累累，冬日银装素裹，校园的四季之景各有千秋，让我们一起漫步色彩斑斓的校园，邂逅一场婀娜姿态、千变万化的色彩视觉盛宴。请记录下你所发现的校园中的色彩美，并采用色块拼贴的形式，呈现代表校园春、夏、秋、冬的色彩，并使用文字介绍你的作品及创作思路。

作品赏析

问题驱动

1. 你最喜欢校园中的哪一个季节？它是什么颜色的？

2. 校园色彩的运用原则是什么？

3. 如何用色彩表达校园文化？

知识视窗

我们生活在五彩缤纷的世界里，千变万化的色彩丰富着人的视觉感官，感染着我们的情绪，带给我们美的享受。校园的色彩有着明显的时代特征、地域特点，一所学校的环境色彩设计积淀了学校的历史、办学理念及文化底蕴，也是校园文化的传承。

一、认识校园色彩

校园色彩是指校园内各种元素所呈现出的颜色，包括建筑、植物、文化设施等，每个校园都呈现出一幅多彩画卷。这些色彩不仅美化了校园环境，还对学生的心理和行为产生着影响。色彩观察是色彩分析、研究、判断、想象的前奏，是汲取视觉信息的必需，对于认识色彩和收集色彩资料有着非常重要的作用。

（一）校园的代表色

学校的代表色，承载着其独特的文化传承与教育理念，同时也是极为鲜活的学校品牌传播形式。每个学校都有属于自己的色彩表达，使校园散发独特的魅力。季节更替赋予万物色彩的变幻，正如色彩赋予学校不断变化中的美。

比如，北京大学的代表色是红色，它象征爱国进步的传统，以及振兴中华、敢为人先的担当精神。清华大学的代表色是紫色，源于清华园的校花紫荆花，寓意学子间亲密团结，和睦与共。四川大学的代表色是锦绣红，透露出优雅与沉稳，它和学校里红檐青砖的老建筑遥相呼应。

（二）校园的自然色

校园的自然色彩多以清新、自然、和谐为主，营造出一种舒适、愉悦的学习氛围。比如，绿色是校园中最常见的颜色之一，代表着生命和希望，可以使学生感到平静和放松；蓝色则代表着智慧和稳定，有助于提高学生的专注力和创造力；黄色则代表着阳光和活力，可以激发学生的积极性和乐观情绪。

（三）校园的文化色彩和艺术色彩

校园色彩还包括文化色彩和艺术色彩等。比如，校园建筑可以采用传统的红色、灰色等色调，体现出学校的历史和文化底蕴；校园内的艺术品和装饰也可以运用各种色彩，营造出一种富有创意和个性的氛围。

生动而丰富的色彩就在人们的周围，关键是需要细心观察和发现。"万物静观皆自得"，只有对世界充满热爱、专注和探索精神，才能从平凡的事物中发现别人没有发现的美，逐步去认识客观色彩中美妙的色彩关系和美好的形式，从而揭示美的色彩规律。

二、校园色彩运用原则

色彩不仅具有广泛的实用意义，而且具有重要的艺术价值。色彩具有源源不断的动力，能够给人以美的享受，激发人们的想象力，给人潜移默化的熏陶和影响。生机勃勃的大学校园是一个色彩和谐绚丽的世界。校园色彩的运用原则主要包括以下几个方面：

（一）以人为本原则

校园色彩要符合师生的生理、心理需求，色彩对于人的心理作用有明显影响，不同的色彩环境给人以不同印象，选择和使用色彩时应充分营造出有利于学生学习、生活、交流的校园环境。

（二）功能性原则

色彩设计应该符合校园各功能区的实际需求。例如，在教学区，色彩设计应体现出宁静、舒适、有利于思考的氛围；在运动区，色彩设计则应体现出活泼、生动、激发活力的氛围。此外，学校建筑的颜色也需要符合其功能性要求，如教学楼的颜色应该沉稳大气，而体育馆的颜色则可以更加活泼。

如图4-8，武汉大学的教学楼的主色调采用蓝色。蓝色是偏冷的色彩，通常让人联想到海洋、天空、水、宇宙。纯净的蓝色表现出美丽、冷静、理智与广阔，在设计中常用来强调科技感和效率性，象征着勇气、冷静、理智，同时还有秀丽清新、宁静、豁达、沉稳的意向。

图4-8　武汉大学老建筑群

（三）协调性原则

校园色彩的运用应注重整体协调性和统一性。在选择主色调和辅助色调时，应考虑到校园的整体风格和建筑特点，使色彩搭配和谐统一。校园色彩应有统一的基调，一般情况下采用"主基色+辅助色+点缀色"的色彩判定方法。

1. 主色调

宜采用白色、灰色等无明显色彩倾向的颜色。

2. 辅色调

用于调和主基色的单调性，一般选用有别于主基色的无性格颜色。

3. 点缀色调

用于突出建筑语言的个性，强调空间的特性，可使用饱和度较高、与主基色对比度较强的色系，如藤黄、米黄、绿色、钻蓝等，起到明确指示或隐喻暗示作用。

（四）多样性原则

校园的色彩设计虽然应追求整体协调性和统一性，但也要注重色彩的多样性。通过合理的色彩搭配和变化，可以营造出丰富多彩的校园环境，增加校园的活力和吸引力。

三、建筑色彩与文脉的统一

校园的建筑色彩是功能、文化与艺术表现的和谐统一，文脉是与当地环境、历史、文化和社会背景相联系的脉络或线索。在建筑设计中，色彩与文脉的统一是为了新建筑与周围环境相融合，保持一种文化和视觉上的连续性。以下分别以教学楼、体育馆和图书馆为例，说明色彩与文脉的统一规律：

（一）教学楼

对于教学楼的色彩选择，一般都会考虑到学校的整体风格和历史背景。如果学校有着悠久的历史和传统，那么在选择教学楼的色彩时，可能会倾向于使用更为经典和传统的色调，如米色、灰色或浅棕色，也可以与学校的标志或校徽色彩相呼应，构建一种沉稳、睿智的视觉效果。如图4-9，武汉理工大学教学楼气势雄伟，与周围的环境色彩浑然一体，展现了师生宽广的胸怀和豪迈的气魄。

图4-9　武汉理工大学教学楼

（二）体育馆

体育馆的色彩通常活泼鲜明，以激发学生的活力和运动欲望（如图4-10）。常见的色彩包括绿色（草地）、红色、蓝色（跑道线条或看台座椅）、黄色以及其他鲜艳的色彩，象征着喜庆、热烈、奔放、激情等。在一些具有特定体育文化传统的学校，体育馆的色彩可能还会融入

图4-10　高校体育场

学校的体育精神或象征性元素。这些色彩的选择不仅与校园的整体色调相协调，还考虑到安全性、视觉辨识度和学生的心理感受等因素。

（三）图书馆

图书馆作为学习和沉思的场所，其色彩通常显得更为低调和宁静，如淡雅的蓝色、灰色或米色，营造出一个安静和专注的阅读环境（如图4-11），图书馆内部的色彩也可以与书架、桌椅和装饰品相协调，形成整体和谐的空间氛围（如图4-12）。如果图书馆内有特色藏书或历史文物，其色彩选择还可以与这些珍贵资料的历史背景和文化价值相呼应。

图4-11　山东轻工职业学院图书馆

图4-12　大学图书阅览室

校园的色彩展现出学校的文化特色和独特的风格。校园色彩不仅要保持整体环境的和谐与统一，同时还要突出每个空间的功能性和特色。这样不仅能提升校园的美学价值，还能增强学生的归属感和文化认同感。

任务实施

发现校园色彩美

步骤1：明确主题。明确要表现校园的哪一种色彩，查询色彩相关的资料。

步骤2：准备材料。准备彩色杂志、海报等色彩丰富的材料。

步骤3：明确细节。明确校园以及周围的自然环境在四季中的不同色彩。

步骤4：任务实施。发挥创造性，进行校园四季色彩的设计与表达。

步骤5：作品完善。对作品进行修改与完善，整理与作品设计思路有关的重要文字叙述。

步骤6：作品提交。作品完成后，可将图片作品粘贴到"作品展示区"。

作品展示区

知识图谱

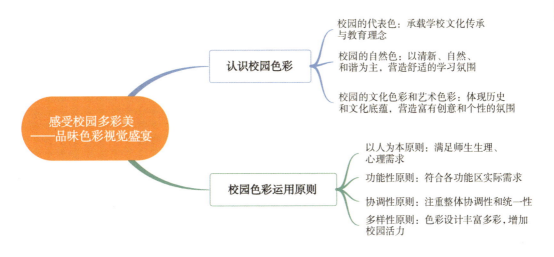

感受校园多彩美
——品味色彩视觉盛宴

认识校园色彩
- 校园的代表色：承载学校文化传承与教育理念
- 校园的自然色：以清新、自然、和谐为主，营造舒适的学习氛围
- 校园的文化色彩和艺术色彩：体现历史和文化底蕴，营造富有创意和个性的氛围

校园色彩运用原则
- 以人为本原则：满足师生生理、心理需求
- 功能性原则：符合各功能区实际需求
- 协调性原则：注重整体协调性和统一性
- 多样性原则：色彩设计丰富多彩，增加校园活力

| 拓展阅读 |

故宫为什么这样红

去过紫禁城的人，或许都会有这样的感慨，实在想不出，世界上还有哪个地方，能有这样奇迹的存在。

因为北京紫禁城，被号称当今世界上现存最大的一座皇宫之一，这里的每一

北京故宫红墙的雪景

座建筑，都有着自己的营造理念、格局规制、风水堪舆、文化内涵。当春风拂过这座古城，抬眼望，红墙映衬着花儿朵朵，高墙大院再也关不住这满园的春色，这好像不再是那座众人皆想逃离的深宫冷院。

一般我们谈到故宫，总是形容其红墙黄瓦，因为故宫大多宫殿顶用黄色琉璃瓦，宫墙用红色。

除了宫殿，城门或是隔窗，大多也是用红墙黄瓦的配色。

这一红被称为"故宫红"，跟金黄色的屋檐、白色的汉白玉桥、灰色的大地相称，更显"故宫红"的沉稳与传统。

而故宫高高的宫墙、城门的墩台、宫殿的明柱、门窗大都使用红色，不仅是因为中国自古以来都将红色看作吉祥、喜庆、美满、幸福的象征，还因为红色为火，火生中央土，皇宫用红色饰墙是为了火生土，便皇家天下有稳固的基础和有力的支持。所以红色作为权力的代表从中国古代沿用下来至今。

（节选自《故宫为什么这样红》，《人民日报》2018年4月5日刊）

| 任务拓展 |

色彩的创意思维训练——色彩的采集与重构。请通过网络、书籍等了解色彩采集与重组构成的表现方法。然后在你所在城市的地图上选取一条路线，使用手机、照相机拍摄，或者彩笔手绘的方式，沿着路线寻找和采集所有美丽的色彩。用绘画或者拼贴的形式，将采集的颜色重构作品，并结合作品内容撰写设计说明。

任务三　装饰校园创造美——创设空间美学方案

情境引入

学校正在开展以"'宿'说青春，'寓'见美好"为主题的宿舍文化设计大赛，鼓励学生们运用环保理念和艺术设计，将宿舍空间打造成既实用又美观的生活空间。你需要和宿舍同学一起，通过墙面装饰、饰品设计、物品摆放等对宿舍进行美化，创造并展现独具特色的寝室文化。

作品赏析

问题驱动

1. 说一说你最喜欢校园中的哪个空间环境，并说出你喜欢的理由。

2. 你所在的校园公共空间有哪些配饰？你认为这些配饰对装饰环境起到了哪些作用？

3. 说说你心目中的"最美宿舍"或"最美教室"是什么样子的？

知识视窗

一、校园空间设计原则

随着教育改革的不断深入，教育模式、教学理念日新月异，校园空间不再只是教育教学空间和知识展示空间，同时还是情感交流的场所。学校设计布局也应根据不同场地和空间，灵活地进行关联布置和空间层叠。校园空间设计的原则，主要包括以下几点：

（一）实用性原则

建筑空间的实用功能是建筑设计的根本与灵魂。例如，教学楼必须由内到外地进行人性化设计，合理规划房间布局与人流组织，在有限的建筑面积内，使其得到最充分的利用，最大限度地发挥其在教书育人中的功能和价值，但不能盲目追求外形设计现代、内部设施一流，以免造成不必要的形式主义上的浪费。

（二）经济性原则

校园空间设计要最大限度地提升学校建筑的性价比。例如，教学楼设计要做到紧凑简洁，不浪费空间与面积；要合理地安排房间的使用功能，缩短走道长度，科学布置柱网，为结构设计提供经济前提，尽可能做到一专多能，提高空间使用效率。

（三）审美性原则

校园空间设计在经济适用的前提下，也要追求使用功能和造型完美的有机结合。如图4-13所示，学校图书馆休闲阅读区，位于主入口大厅一侧，此处人员集中，要做到开敞、明亮、通透、大气，可采用大柱网、大空间的设计思路，也可设置规模较大的共享空间，并配上书籍、绿植、桌椅、灯饰等，给人以活泼灵动的感觉，为学生创造美好、舒适的环境。

图4-13　学校图书馆休闲阅读区

（四）便捷性原则

校园空间设计要充分考虑学校规模、师生人数，确保学生在学习、运动、休憩、娱乐等不同活动空间进行切换时，做到方便快捷；同时，也要方便管理。学校不同的建筑空间，应按便捷性原则进行总体、科学、有效地设计。

二、校园室内空间设计典型

（一）学校会议室空间设计

学校会议室是进行管理决策、学术研讨和沟通交流的场所，会议室的设计需充分考虑功能性与实用性。

1. 多功能性

会议室通常需要承载多种不同类型的会议任务，包括学术报告、学术会议、领导会议、学生座谈等，因此会议室应该具备多功能性，能够满足不同形式、不同规模的会议需求。

2. 布局合理

会议室内部的布局要合理，不仅要有充足的场地容纳人员，还要保证讲台、桌椅等设施布置合理，方便举行不同形式的会议。学校图书馆开放研讨区布局灵活，便于师生们讨论交流，如图4-14所示。

图4-14　图书馆开放研讨区

3. 色彩舒适

会议室的色彩应该以淡雅、温暖为主，尽量避免过于鲜艳刺目的色彩。给人以舒适之感的会议室，能让与会者在舒适的环境中，充分展现思维力和创造力。

4. 装修简洁

会议室的装修应该简洁大方，体现学校氛围，不宜过于奢华，需与校园其他场所的风格协调匹配。

5. 设备齐全

会议室应该有先进、齐全的设备，包括多媒体投影、音响系统、网络等，以满足现代教育对多媒体教学、信息交流的需求。

6. 环保节能

会议室应优先选择环保节能的材料和设备，在保证舒适性的基础上减少能耗，体现生态环保、绿色节能的理念。

（二）学校展厅设计

学校展厅是展现学校文明风貌和宣传弘扬校园文化精神的重要场所，其空间设计的核心是便于参观者更直观地了解学校概况，因此，展厅的设计需考虑观赏性与创新性。

1. 旋律感的展线创新设计

展线设计可以从展示内容、形式、造型等要素进行全面创新。要注重对空间内容、观众心理进行深入分析，依靠生动、形象、逼真的艺术与技术的结合，使展览更具观赏性，使参观者身临其境，受到感染，引起共鸣。

2. 大格局的前景后景设计

立足大格局的背景环境设计思路，通过大的陈设和背景设计，把主要事件、人物突显出来，让观众在进入展厅初始，便能及时转换时空观念，迅速融入展厅情境。

3. 多元化的展陈方式设计

以现代元素与多媒体数字技术的有机融合，丰富整个展览项目的展示形式，使整个展示环境更加生动。要注重融入多元化的互动体验式展示形式，有效缩短与参观者的距离。

4. 突出重点场景设计

运用适当手段，突出设计重点，渲染气氛，从而增强节奏，凸显主题。要注重聚焦内容和形式的亮点，以增强展陈的表现力和感染力。图4-15为某学校作品展示区局部。

图4-15　作品展示区（局部）

5. 重氛围的色彩灯光设计

展厅色彩灯光的选择和应用需要与展示内容和空间环境相结合。采用不同颜色的灯光，准确表达主题氛围。同时，聚焦于展陈物的光束能吸引观众的目光，形成强烈的视觉冲击力，以更加突出展陈物。

三、校园装饰空间设计方法

在进行校内装饰空间设计时，要坚持实用和审美兼得原则。同样的装饰品，以不同的陈设方式呈现，会产生不同的效果，营造出不一样的氛围。因此，不管是教学空间，还是办公空间、公共空间，配饰的匹配度以及色彩的舒适度，对于整个校园空间来说都至关重要。

（一）同一主线法

相同空间的软装配饰通常需要以格调或元素上的相似性将彼此联系起来，可以从颜色、材质、形状或主题上遵循同一主线（如图4-16），在同一主线的基础上展示各自的不同点，通过彼此互补形成和而不同的组合关系，打造层次分明的视觉景象。

图4-16　展览馆展示区

（二）适度差异法

装饰品组合要以内在逻辑联系为基础，同时兼顾形体外在的差别，努力实现整体协调性、局部差异化的有机融合（如图4-17）。装饰品在具体陈设时，要充分考虑其高度、长度、体积、形状等区别，具有高度相似性或比例差异悬殊的装饰品原则上不在同一空间搭配。

图4-17　贝壳展示区

（三）情景呼应法

好的软装陈设应该做到从不同角度看都是和谐美丽的，在选择一些小饰品时，若是能考虑到呼应性，那么整个装饰效果就会有显著提升。例如，在展厅中选择花艺类的墙面挂画，挂画与空间陈设紧密呼应，创设出新的立体空间，虽是小细节，却能显示出主人的品位。

（四）三角构造法

三角构造法是在三个点上摆放装饰品，形成一个稳定的三角形，呈现安定、均衡但不失灵活的视觉效果。软装饰品摆放讲求构图的完整性，要有主次感、层次感、韵律感，同时注意与大环境的融洽。

（五）均衡对称法

软装饰品利用均衡对称的形式进行布置，可以营造出协调和谐的装饰效果。如果旁边有大型家具饰品，排列的顺序应该由高到低，避免视觉上的不协调感；如果保持两个饰品的重心一致，例如将两个样式相同的摆件并列，则可以产生均衡一致的美感；如果台面上摆放饰品较多，则可以运用前小后大摆放法。

（六）平行陈设法

对一系列高低差别不大的饰品，感觉难以进行搭配时，可采用平行式陈设法。平行构图在室内空间设计中较为常见，如书房、厨房等区域，都非常适合采用平行式陈设法。例如，小茶几上面往往摆放一些小摆件，简单地平行陈设装饰是极美的。

四、装饰画在室内装饰中的应用

随着生活水平的提高，装饰画凭借集装饰功能与美学欣赏于一体的特点，赢得了年轻人的青睐，成了室内装修中不可缺少的一项。那么，应该怎样正确使用不同风格的装饰画呢？首先，要牢记风格一致性。由于室内空间是相互连通的，因此同一个房间的装饰画风格应该保持一致。其次，装饰画的选择要考虑室内面积的大小。40平方米以内的房间选择标准尺寸（50cm×50cm）的装饰画即可，50平方米以上的房间选择60cm×60cm或者60cm×80cm的装饰画。再次，不同房间选择装饰画要有针对性。比如，客厅是日常生活和接待亲朋好友的地方，适合娱乐性、温馨感的装饰画，像风景

图4-18　学生作品展示区

画、花草画都比较适合；而书房则适合悬挂静态的装饰画，能够营造安静平和的氛围；卧室则适合抽象画、暖色调装饰画，有助于消除人们的疲倦，使人快速入眠。另外，选购装饰画要记住颜色的搭配。比如，家装风格偏素净淡雅，装饰画建议选择黄红绿等与其差别较大的活泼颜色。最后，装饰画要与装饰品保持互相呼应的效果。

某高校作品展示区（如图4-18），展示的装饰画采用典雅、热情、平稳、协调的主题，给予参观者以温馨、惬意的心灵感受；展示空间内不仅具有丰富实用的家具，而且还通过装饰画进行美化，参观者可以在享受视觉艺术美的过程中，理解与认识室内空间设计的艺术品位，体验强大的艺术感染力。

任务实施

进行宿舍文化设计

步骤1： 参赛目标。根据学校公寓管理办法，立足实际，明确宿舍内可进行美化装饰的区域及要求，注重环保实用，杜绝铺张浪费。

步骤2： 设计方案。根据参赛目标和设计意图，寻找收集可利用的素材和物品，参考借鉴已有成型作品经验，细化作品设计方案。

步骤3： 美化实施。宿舍全体同学明确职责、分工合作，按制作、张贴、摆放、归类等步骤推进方案实施，并撰写100字左右的文字说明。

步骤4： 进行拍摄。选择最能展现宿舍文化"美"的角度，拍摄宿舍最美图

片，如宿舍文化、空间装饰、舍友合影等。

步骤5：发布上交。拍摄完成后，将图片作品张贴到"作品展示区"，或将视频上传到线上平台。

步骤6：反馈优化。提升发现美的敏锐性，吸取好的评论和建议，提炼总结经验，弥补短板不足，进一步优化方案、改进作品。

作品展示区

知识图谱

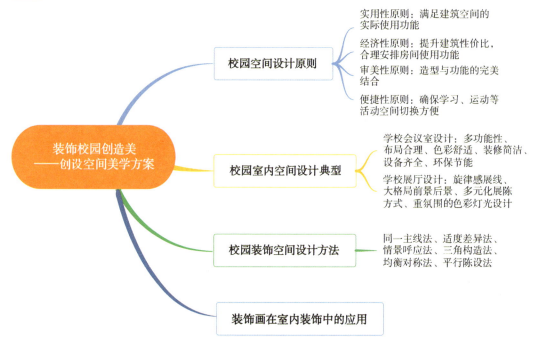

装饰校园创造美
——创设空间美学方案

校园空间设计原则
- 实用性原则：满足建筑空间的实际使用功能
- 经济性原则：提升建筑性价比，合理安排房间使用功能
- 审美性原则：造型与功能的完美结合
- 便捷性原则：确保学习、运动等活动空间切换方便

校园室内空间设计典型
- 学校会议室设计：多功能性、布局合理、色彩舒适、装修简洁、设备齐全、环保节能
- 学校展厅设计：旋律感展线、大格局前景后景、多元化展陈方式、重氛围的色彩灯光设计

校园装饰空间设计方法
- 同一主线法、适度差异法、情景呼应法、三角构造法、均衡对称法、平行陈设法

装饰画在室内装饰中的应用

| 拓展阅读 |

乡村民宿艺术设计中的文化传承

乡村民宿作为一种兴起于乡村地区的特色住宿形式，近年来在全球范围内越发流行，乡村民宿不仅是一种提供临时住宿的场所，更是一种文化和生活方式的体现。文化传承是将一代人的文化知识、习俗和艺术等传递给下一代，保证文化的持续性和活力。乡村民宿设计中的文化传承，不仅包括建筑风格、装饰艺术、传统手工艺，还涵盖了地方历史、习俗、饮食文化等。通过民宿的日常运营和特色活动，这些文化元素被有效地保存并传播给访客。

基本元素和风格。乡村民宿的艺术设计包括多种基本元素和风格。首先，它强调与自然的和谐共生，设计中会大量使用自然材料如木头、石头、竹子等，以及采用开放式的空间布局来引入自然光和风景。其次，民宿的颜色和装饰通常选取柔和、温馨的色调，以营造出放松和舒适的氛围。民宿的设计风格多种多样，从传统的乡村风格到现代简约风格，再到融合民族特色的异域风情。这种多样性不仅体现在建筑结构上，还体现在内部装饰和家具选择上。许多民宿会选择当地艺术家的作品作为装饰，或者使用当地手工艺品，如编织品、陶器等，来增加独特性。

传统文化元素的融入。将传统文化元素融入民宿设计是一种重要的艺术表达方式。这不仅能够保护和传承地方文化，还能够提升民宿的吸引力。例如，一些民宿在设计时会采用传统的建筑风格，如中国的四合院。在室内装饰方面，民宿常常展示当地的手工艺品和艺术作品，如壁画、雕塑、传统织物等。此外，传统节庆和习俗也经常被纳入民宿的日常运营中。举办当地节庆活动、展示传统的烹饪技艺和提供本地特色餐饮，都是融入文化元素的生动方式。例如，在云南民宿中，设计师经常将传统的白族建筑风格与现代设计理念相结合，创造出既具有地方特色又不失舒适的现代住宿体验。民宿的每个角落都细心地展示了白族的文化元素，如手工制作的壁挂和家具，同时还保留了白族建筑的经典元素，如飞檐翘角等。

（节选自《乡村民宿艺术设计中文化传承与地方发展的关系》，光明网 2023年12月4日刊）

| 任务拓展 |

古风建筑在民宿设计中，能给人一种宁静、舒适的感觉。它们往往采用天然材料，注重细节和工艺，营造出一种温馨、宜人的氛围。在这样的环境中，人们可以放松身心，享受一段宁静的时光。古风建筑往往与自然环境相融合，使民宿更加和谐、自然。无论是庭院中的绿植、流水，还是室内的摆设、装饰，都体现出一种与大自然的亲近感。这样的环境对于追求自然、健康生活方式的人来说，具有很大的吸引力。

走出校园，感受国风风韵于山水之间，用相机记录身边古风民宿的"美"，拍摄作品并上传线上展示平台。

作品要求：

1. 寻找、发现民宿中的文化和艺术元素，并拍摄成作品。

2. 作品需附带详细的说明，包括拍摄地点、时间、民宿项目的简介及其文化背景、地理位置、设计风格等信息。

3. 拍摄类型不限，可以是体现软装的环境搭配、国风元素体现、空间规划设计等，讲述国风故事，品味美好生活。

塑造形象之美

形体之美要胜于颜色之美，而优雅行为之美又胜于形体之美，最高的美是画家无法表现的，因为它是难于直观的。

——培根

"猗嗟昌兮，颀而长兮。抑若扬兮，美目扬兮"（《诗经·齐风·猗嗟》），高大粗犷，英武非常，一个少年射手的形象跃然纸上。人们对形象之美的追求是人类社会文化的产物，同时反映了人的精神文化生活。在不同的时期，人们对形象美的追求也有所不同。

在远古时期，人们对于个人形象的认识更多地与生存和繁衍紧密相关。例如，丰满的体型被视为健康和生育能力的象征，因此被认为是美的。不同朝代和地区对形体美的偏好也有所不同。例如，汉代楚地以苗条轻柔为美，而唐代则有丰腴为美的风气。

随着文明的发展，人们对形象之美的追求开始注重身体的比例和形态。现代社会中，人们越来越重视健康与美感的结合。健康的饮食、规律的锻炼和良好的生活习惯成为保持良好形象的重要方式，健身健美、化妆护肤、仪态塑造、内外兼修成为提升个人形象的重要方法。

项目目标 ▶▶▶

知识目标

1. 掌握体育运动塑造形象美的基本方法与步骤。

2. 掌握化妆塑造形象美的基本技巧。

3. 掌握姿态训练塑造形象美的基本方法。

能力目标

1. 培养形象美的鉴赏能力。

2. 提高个人形象设计能力。

3. 培养自我管理和自我提升的能力，养成打造个人形象的好习惯。

素质目标

1. 培养良好的个人品味和审美观念，形成自己独特的个人形象。

2. 增强自信心和自尊心，通过形象的提升增强个人魅力。

3. 内外兼修，提升道德品质、行为举止等方面的综合素养。

项目展开 ▶▶▶

为了系统而直观地实现以上目标，该项目按照以下三个工作任务有序化展开。

任务一　体育运动形体美——运动减脂塑形训练

任务二　时尚打扮容颜美——化出一份精致妆容

任务三　内外兼修姿态美——走出轻盈生活舞步

任务一　体育运动形体美——运动减脂塑形训练

情境引入

走进大学校园的操场、球场……自由地呼吸户外的空气，抬头仰望蓝天、白云，张开怀抱享受阳光的温暖。动起来，让生命带风，练起来，让身体更美、更健康。请捕捉一个运动之美的瞬间，并说一说运动给你带来的体验。

作品赏析

问题驱动

1. 你喜欢的运动方式有哪些？
2. 体育运动锻炼如何提升形体美？

知识视窗

一、体育运动与形体美

无论是古代还是现代，对美的欣赏和追求一直都是人类文化的重要组成部分。在《楚辞》中，屈原对古代女性的容色体态进行了生动的描写，如"蛾眉曼只""容则秀雅""小腰秀颈"和"丰肉微骨"等，这些描述展现了古代文人对形象美的追求。近现代教育家蔡元培先生认为："凡德道以修己为本，而修己之道，又以体育为本。""人的健全，不但靠饮食，尤靠运动。"这两句话简洁地指出了体育运动对形象塑造、全面发展的重要作用。苏联诗人、剧作家马雅可夫斯基提出："世上没有比结实的肌肉和新鲜的皮肤更美丽的衣裳。"

通过体育运动进行减脂塑形训练，按照美的规律塑造自己，可促进人们身心协调、健康发展，提高审美能力和美的表现力，强化自身的创造能力，增强社会竞争力。

（一）形体美

形体美是一个综合性的概念，它涵盖了人体外观的和谐、平衡与美感。具体来说，形体美表现在以下几个方面：

1. 对称性：人体的左右对称性是形体美的一个重要标准。面部和身体的对称往往被视为形体美的重要标志。

2. 比例：身体各部分之间的比例关系对形体美有重要影响。例如，腰臀比或身高与体重的比例。

3. 线条：流畅的身体线条可以增强形体的美感。无论是柔和还是鲜明的身体曲线，都可以构成形体美的一部分。

4. 肌肉与力量：适度的肌肉发达和力量表现也是形体美的一部分，它们反映了一个人的健康和活力。

5. 柔韧性：良好的柔韧性不仅对身体健康有益，而且可以扩大身体的动作范围，提升优雅度，从而塑造出形体美。

6. 姿态：良好的姿态展现了身体的自然状态和自信，对于形体美至关重要。挺胸抬头、脊柱保持直立是形体美的关键要素。

7. 肤色与皮肤状况：健康的皮肤和良好的肤色也是形体美的一部分，它们反映了一个人的健康状况。

8. 整体协调：一个人的服装、发型和个人风格如何与身体形态相协调，也会影响整体的形体美。

9. 个人气质：形体美还与个人的气质有关，包括自信、魅力等都能增强一个人的整体吸引力。

10. 文化因素：不同文化和社会对形体美有不同的看法和标准。因此，形体美的定义也会随文化背景的变化而变化。

综上所述，形体美不仅仅是外表的美，还涉及一个人的健康、气质、自信和文化价值观等多个层面。

（二）体育运动提升形体美

坚持体育运动，可以改善人的形体，提升形体美感。具体表现为以下几个方面：

1. 增强肌肉力量：体育运动可以增强人的肌肉力量和耐力，使身体更加结实、紧致。

2. 塑造身材线条：体育运动可以帮助人们塑造身材线条，使身体更加匀称、协调。

3. 提高身体柔韧性：体育运动可以提高身体的柔韧性，使身体更加柔软、灵活。

4. 改善姿态：体育运动可以帮助改善身体的姿势和姿态，使身体更加挺拔、自信（如图5-1）。

5. 增强心肺功能：体育运动可以增强心肺功能，使身体更加健康、有活力。

6. 增强自信心：体育运动不仅可以改善体质，提升健康水平，还可以提升自信心。通过坚持锻炼取得进步，人们会感到更加自信和积极，这也会反映在形体美感上。

图5-1 体育运动提升形体美感

二、探寻减脂塑形之路

减脂是指通过控制饮食和增加运动来减少体内脂肪，使身体更苗条、更紧致。塑形则是指通过特定的训练方法和锻炼计划来塑造身体线条，改善肌肉比例和体态，让身体更加匀称、有曲线美。具体包括增加肌肉质量、提高肌肉力量和耐力，以及改善身体的柔韧性和协调性。

（一）减脂与塑形原理

减脂与塑形是通过控制饮食、增加运动以及采取科学的训练方法来实现能量平衡、增加肌肉质量和改善身体形态。具体表现为以下几个方面：

1. 能量平衡：减脂的基本原理是维持能量平衡。

2. 增加代谢率：通过增加肌肉质量，可以提高基础代谢率（BMR），即身体在休息状态下消耗的能量。

3. 有氧运动与力量训练结合：有氧运动如跑步、骑自行车等有助于燃烧脂肪，而力量训练如俯卧撑、深蹲等有助于增加肌肉质量。

4. 合理的饮食计划：除了运动外，合理的饮食计划也是减脂与塑形的关键。控制热量摄入、选择营养丰富的食物、保持适当的蛋白质摄入等都至关重要。

（二）减脂塑形运动

减脂塑形的运动选择应该结合有氧运动、力量训练和柔韧性训练，以达到减脂和塑造身体线条的目的。以下是一些适合减脂塑形的运动。

1. 有氧运动

跑步：提高心肺功能，燃烧脂肪。

骑自行车：锻炼下肢肌肉，燃烧脂肪。

游泳：全身性的有氧运动，有助于减脂和塑造身体线条。

跳绳：高强度的有氧运动，消耗大量卡路里。

体操和武术：健美操、武术等，增加乐趣的同时燃烧脂肪。

2. 力量训练

自重训练：如俯卧撑、仰卧起坐、深蹲和引体向上，增强肌肉力量和燃烧脂肪。

举重训练：使用哑铃、杠铃等器械进行力量训练，塑造肌肉群。

器械训练：在健身房使用专门的训练器械，针对特定肌肉群进行锻炼。

功能性训练：模拟日常生活或运动中的动作，提高肌肉的功能性表现。

3. 柔韧性训练

瑜伽：通过各种体式，提高身体的柔韧性和平衡性，同时有助于放松和减压。

普拉提：强调核心肌群的训练，提高身体的稳定性和姿态。

动态拉伸：在运动前后进行拉伸，有助于预防伤害和提高运动表现。

静态拉伸：保持一定姿势的拉伸，有助于提高肌肉的伸展能力和放松紧张的肌肉。

4. 组合训练

（1）HIIT（高强度间歇性训练的一种）：通过交替进行高强度和低强度的运动，如快速跑步和慢跑，有效燃烧脂肪。

（2）Tabata训练（高强度间歇性训练的一种）：每组动作持续20秒，休息10秒，重复8组，有效提高代谢率和燃烧脂肪。

在选择减脂塑形的运动时，要根据个人的健康状况、健身目标和兴趣来制订训练计划，并结合合理的饮食和充足的休息来达到减脂塑形的目标。

三、减脂塑形的营养学基础和饮食原则

营养和饮食对于成功减脂和塑造身体线条起着关键作用。以下是一些减脂塑形的营养学基础和饮食原则。

1. 控制热量摄入：减脂的关键是消耗的热量大于摄入的能量。减少高糖和高淀粉食物的摄入，特别是加工食品和饮料。选择低血糖指数的碳水化合物，如全谷物、蔬菜和水果，以稳定血糖水平。

2. 均衡饮食：确保饮食中包含各类营养元素，包括蛋白质、碳水化合物、脂肪、维生素和矿物质。

3. 增加蛋白质摄入：蛋白质有助于增加饱腹感，维持肌肉质量，促进脂肪燃烧。选择瘦肉、鱼类、家禽、豆类、坚果和低脂乳制品作为蛋白质的来源，并合理分配在每餐中。

4. 控制脂肪摄入：选择健康的脂肪来源，如橄榄油、鱼油、坚果油等。避免过量摄入饱和脂肪和反式脂肪，这些脂肪会增加心血管疾病的风险。

5. 增加纤维摄入：膳食纤维有助于增加饱腹感、调节血糖水平和促进消化健康。选择全谷物、蔬菜、水果和豆类作为纤维的来源。

6. 保持适度的水分摄入：饮水对于代谢和身体功能至关重要。保持足够的水分摄入，有助于维持体内的水分平衡和新陈代谢的正常运转。

7. 合理分配餐次：分多次进餐，控制每餐的食量，避免暴饮暴食。这样有助于维持血糖水平的稳定，减少脂肪堆积。

8. 注意饮食质量：尽量选择新鲜、天然的食物（如图5-2），避免加工食品和高糖饮料。食物的质量对减脂塑形的效果有重要影响。

9. 个体化饮食计划：每个人的身体状况和需求都不同，因此制定个体化的饮食计划非常重要。如果有特殊的健康问题或饮食限制，建议咨询专业的营养师或医生。

图5-2　减脂食物

总之，减脂塑形的营养学基础和饮食原则是成功减脂和塑造身体线条的关键。合理控制热量摄入、均衡饮食，才能在减脂的同时让身体保持健康的状态。

任务实施

进行减脂塑形训练

（一）热身激活

在进行减脂塑形训练之前，热身激活是非常重要的。热身活动可以提高人的心率，增加血液循环，预防运动伤害，并为即将到来的锻炼做好准备。以下是一些建议的热身活动。

1. 轻松跑步或快走：开始时，可以先进行5—10分钟的轻松跑步或快走，以提高心率。

2. 动态伸展：进行身体摆动、旋转、屈伸活动，以增加各关节的活动范围。

3. 深蹲：双脚与肩同宽，蹲下时确保膝盖不超过脚尖，然后站起来，激活大腿和臀部的肌肉。

4. 跳跃：双脚跳起，尽量跳得高，然后再跳回原位，激活腿部肌肉。

5. 平板支撑：开始时保持平板支撑15—30秒，激活核心肌肉。

6. 深呼吸：进行几次深呼吸，帮助放松身体并为锻炼做好准备。

（二）形体美减脂塑形训练

1. 胸部肌肉健美训练

蝴蝶夹胸　　　靠墙俯卧撑　　　俯卧撑　　　十字支撑

减脂塑形
训练视频

2. 背部肌肉健美训练

引体向上　　　靠墙划臂　　　俯身交替起臂　　　蛙泳划臂

背部肌肉
健美训练

3. 臂部肌肉健美训练

手臂旋转　　　俯身停顿臂屈伸　　俯身宽距划船展臂　　坐姿臂屈伸

臂部肌肉
健美训练视频

4. 肩部肌肉健美训练

徒手完全侧平举　　徒手推举　　　支撑抬臀　　山峰俯卧撑

肩部肌肉
健美训练视频

5. 腹部肌肉健美训练

卷腹　　　俄罗斯转体　　　空中蹬车　　支撑侧提膝

腹部肌肉
健美训练视频

6. 腿部肌肉健美训练

靠墙半蹲　　　下蹲挺　　　深蹲交替提膝　　节奏臀桥

腿部肌肉
健美训练视频

（三）放松身心

减脂塑形后，放松可以减轻肌肉酸痛。放松方法有按摩、拉伸、深呼吸和冥想、充足的休息、补充水分等。放松，可以帮助我们在减脂塑形后更好地恢复并为下一次锻炼做好准备。

作品展示区

知识图谱

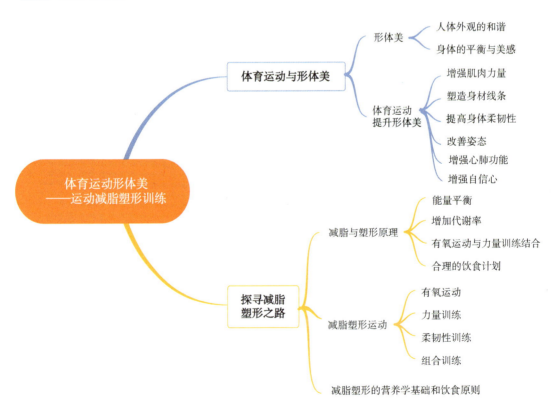

| 拓展阅读 |

武术之美

武术蕴含极其丰富的美学内涵。武术审美文化体现了武术动作外在造型美和内在表意美的统一，体现了追求意象化、理想化观念的审美表达。武术套路演练既要在"形"上逼真，更要在"神"上相似。"神"美是一种意境美，是以"形"美为基础的内在性超越，是对武术技艺的描述。从武术拳谚中也能体悟到武术形神兼备的艺术魅力。比如，太极拳"运动如抽丝，迈步如猫行"的动作要求，八卦掌"龙形猴相，虎坐鹰翻"的技法要求等，都体现了武术追求"形神兼备"的审美理想，流露出隽永深长的审美韵味。由此，不管是静谧凝神的武术养生，还是模拟自然万物的象形武术，武术动作、武术拳谚等总在传达着与此相适宜的生命精神和技击意象，将形神兼备的东方艺术体现得淋漓尽致。

| 任务拓展 |

结合自身实际，制定一份适合自己的21天减脂塑形计划和执行计划。应明确每周锻炼的次数、单位时间内的生理负荷、每次运动持续的时间、运动的方式，即明确运动频率、运动强度、运动时间、运动类型。

任务二 时尚打扮容颜美——化出一份精致妆容

情境引入

眼前的化妆品琳琅满目，五彩斑斓的眼影、口红，各式各样的粉底、腮红，仿佛一个魔法盒，等待着你去发现其中的奥秘。化妆的过程，不仅是在为自己打造一个全新的妆容，更是在为自己创造一种全新的心情和状态，从中可以感受到自己的变化。坐在梳妆台前的你，心中是否涌起一份打造精致妆容的渴望？

作品赏析

问题驱动

1. 你喜欢化妆吗？

2. 你认为学会化妆对我们来说是否重要？

3. 在化妆过程中我们需要注意什么？

知识视窗

化妆是一种通过装扮修饰外貌的一种技艺。自古以来，人们都在追求美。古人云，"虽资自然色，谁能弃薄妆"（南梁·张率《日出东南隅行》），"头上倭堕髻，耳中明月珠"（汉·佚名《陌上桑》），还有淡妆浓抹、淡扫蛾眉、梳云掠月、膏泽脂香等众多成语点染，以示化妆的重要。可见，再美的人也离不开化妆。

在追求美的道路上，化妆作为一门古老而又永不过时的艺术，始终扮演着举足轻重的角色。它不仅仅是简单地在脸上涂抹色彩，更是一种自我表达、情绪调节和社会交往的媒介。随着时代的发展，化妆的技术和理念不断演进，它已经成为现代人日常生活中不可或缺的一部分。

一、化妆的重要性

化妆不仅仅是一种外在的美化手段，更是一种内在自我认同和表达的方式。它能够让人在不同场合中展现出更好的状态，提升自信心和社交能力，同时也为生活增添了更多的乐趣和色彩。具体来讲，化妆的主要作用体现于以下几点。

（一）增强自信

化妆如同给自己的外在披上了一层光环，能够即刻提升自我认同感。当一个人对自己外貌满意时，自信心会油然而生，这种自信不仅在外观上显现，还会在言谈举止中流露出来，更容易在人群中绽放光彩。

（二）塑造形象

不同场合需要不同的形象来匹配，化妆是快速切换形象的有效手段。从职场的专业干练到晚宴的优雅迷人，再到日常生活的清新自然，化妆让人能够轻松驾驭各种风格，更好地融入或引领场合氛围。

（三）强调特点

每个人的面部都有独特的魅力点，好的化妆技术能精准地放大这些优点。比如，用眼影提亮双眸，让眼神更加深邃；用唇彩勾勒唇形，让笑容更加迷人。这样的细微修饰，能让人看起来更加生动和有活力。

（四）遮盖瑕疵

生活中难免会遇到皮肤问题，化妆提供了一个临时的解决方案。遮瑕膏、粉底液等产品能够有效掩盖皮肤上的不完美，让肌肤看起来更加健康。这不仅提升了外观美感，也增强了人的自信心。

（五）表达个性

化妆如同艺术创作，每个人都可以根据自己的喜好和风格进行创作。从色彩的选择到妆容的设计，都能反映出一个人的个性和情绪。因此，化妆不仅是一种美化手段，更是一种自我表达的方式。

（六）社交礼仪

在一些正式或特殊的场合，得体的妆容不仅是对他人的一种尊重和礼貌，还表示你对这次聚会的重视和期待。一个精致的妆容能给人留下良好的第一印象，为社交活动加分。

（七）提升情绪

化妆本身也是一种放松和享受的过程。选择自己喜欢的化妆品和工具，在镜子前仔细描绘自己的脸庞，这种仪式感能让人忘却烦恼、放松身心。同时，看到完成后的美丽妆容，也会让人心情愉悦、精神焕发。

二、化妆的原则

化妆作为一种美的艺术，旨在展现个人的魅力和气质。掌握化妆原则，能让妆容更加自然、优雅，为个人增色添彩。

（一）肤色和谐原则

肤色和谐统一是化妆的基础。精选与自身肤色相匹配的粉底液或素颜霜，由面部中心向外轻柔延展，确保肤色呈现自然且均匀的质感。务必避免选用过白的色号，以免造成妆面不自然的假白现象，同时注重保持颈部与面部的肤色一致性，减少色差。

（二）自然灵动眼妆原则

眼妆作为妆容的点睛之笔，其精髓在于自然晕染。应避免过于突兀的眼线线条及跳跃性过强的眼影色彩。选用淡雅色调的眼影，运用渐进式晕染技巧，使眼妆既富有层次感又不失温婉柔和之美，增添双眸的灵动与神采。

（三）简约雅致唇妆原则

唇妆的选择应与整体妆容风格及场合氛围相得益彰。日常妆容中，倾向于选用自然的裸色或淡雅粉色唇膏、唇彩，营造清新脱俗之感。而在重要场合，则可依据服饰色彩搭配，精选适宜的红色系或玫瑰色系唇膏，以彰显个人独特气质与风采。

（四）立体光影修容原则

修容艺术旨在通过光影效果塑造面部立体轮廓。运用深色修容粉或修容棒，在颧骨下方、鼻梁两侧及下巴边缘等关键区域巧妙晕染，以自然流畅的过渡打造面部阴影，增强面部的立体感与丰盈度。但需谨记，修容应适度，避免过度修饰导致的不自然效果。

（五）轻盈透亮底妆原则

底妆作为妆容的基底，其轻盈度直接关乎肌肤的通透感。选用质地轻薄的粉底产品，以指腹或化妆海绵轻拍上妆，确保底妆服帖自然，不显厚重。随后，可适量使用透明散粉或定妆喷雾进行定妆，进一步提升妆容的持久度与肌肤的清爽感，让肌肤在妆容下依然能够自由呼吸，展现自然光彩。

三、化妆的注意事项

（一）眼妆与底妆尽量轻薄

妆容虽然可以很好地修饰五官，但是一定要适度，否则会适得其反。对于皮肤干燥有卡粉现象的女性来说，轻薄的底妆更能修饰自然的肤色。在妆前一定要做好保湿和护肤，粉底和底妆要少量、多次、轻薄上脸。微微点缀一些腮红，就会看起来有气色。眉眼也是化妆的重点，化妆后可以很好地凸显精气神。太过浓艳的眼妆，如果化不好，不仅看起来很脏，还容易出现卡粉的现象。特别是眼周，尽量选择淡淡的内眼线，可以自然地放大眼睛轮廓。此外，淡色系的眼影晕染还可以减轻眼部的浮肿。

（二）唇色与头发颜色要匹配

如果女性不经常化妆，头发也保持自然色，脸部用淡淡的粉底就可以，再涂一个显气色的口红，看起来就会精神不少。但若头发染着很明显的颜色，还要再涂一个大白脸和一个夸张艳丽的唇色，看起来会显得特别浓艳，与沉稳、典雅和清新一点也不沾边，毫无美感。

（三）妆容与服饰要呼应

妆容除了要和头发颜色相匹配外，还要与日常穿搭相匹配，避免出现妆容与穿搭争奇斗艳的效果，否则全身上下就缺失了美的重点。尽量做到颜色素雅的衣服搭配精致的妆容，能给人既高级又时髦的感觉。比如，某明星在出席活动时，只穿了一条黑白配的裙子，有高腰和立领凸显身材，浓淡相宜的妆容也为她增色不少，看起来优雅大气，还不失气质。此外，很多女性喜欢旗袍造型，旗袍大多比较艳丽，修身的剪裁搭配绣花、印花、缀珠、亮片的装饰比较多，此时的妆容就不宜太过浓艳，淡一些才更有韵味。

四、不同的脸型与妆容

化妆的重要一步，是确定自己的脸型。每种脸型都有各自的特征，对妆容也有着不同的要求。因此，要掌握扬长避短的化妆技巧。

（一）圆形脸

特征：脸短，面颊浑圆。有些年轻人面颊肌肉丰满，也会使脸型显得圆润。

印象：可爱、年轻、活泼、健康，看起来有点稚气，缺乏成熟感。

化妆：修改（化妆）成椭圆形的脸。要领是利用鼻梁的纵线和眉毛的上挑线，削减面颊，化成长脸型。在额、鼻梁等部位，涂上匀明色（亮色），眼影纵向抹入，颊红涂法是从颧骨处一直延伸到下颚部，必要时，也可利用暗色粉底做成阴影，眉毛形状不可平直或有起角，带少许的弯曲和上挑，其他如上唇化妆成阔而浅的弓形，发式取四六开式头路，使脸型看上去有成熟感（如图5-3）。

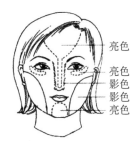

图5-3

（二）方形脸

特征：脸的宽度接近脸的长度，轮廓清晰、硬朗。

印象：健康、积极，有坚强的意志感和稳定感。

化妆：化妆要点是把方形脸的四角掩盖掉，就是用渲染色把它削减掉。此外，把硬朗的下颚化窄一些，用曲线造成甜蜜的感觉。眉毛的形状要略弯点。眼影和鼻形连接起来，胭脂于眼部平行抹入，阴影的位置在颧部更宽，嘴唇可以略涂得丰满些。

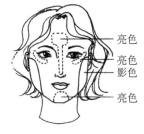

图5-4

这种脸型也可以用暗色粉底来改变面部的轮廓。其他如发式可按四六比例偏分头路，或中分头路，偏分时，两侧的头发可以造成不平衡的感觉，前面的头发要松软（如图5-4）。

（三）菱形脸

特征：脸部瘦削、颧骨突出、下颚尖伸、额部较窄。

印象：结构清晰，印象强烈，具有丰富的立体感和冷静、理智的感觉。

化妆：把尖锐的轮廓化妆成和缓、柔顺的形状，以削减突出的颧骨部分和尖伸的下颚，消除原有生硬的印象，使瘦削、凹陷的面颊隆起来。眉型取舒缓型，眉毛延长一些，胭脂由颧骨上部抹入。鬓角边和两颊下涂匀明色（亮色），下颌尖处抹阴影，这样可使面部轮廓柔和化（如图5-5）。

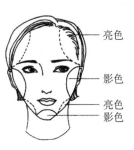

图5-5

（四）三角形脸

特征：脸型比较宽，两腮较肥大，额部较窄。一般较肥胖的人有此脸型。

印象：给人的印象是性格温和，不拘小节。

化妆：要点是扩展脸的上部，收缩脸的下部。两腮部施以阴影，以削减和收拢两腮部。眉型要饱满，眉头稍离，眉稍略长，切忌直面细。唇型方面，上唇要呈缓缓的山形，下唇两端略向上展。胭脂从颧骨下缘向鬓发边晕染（如图5-6）。

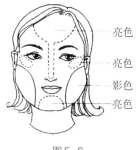

图5-6

（五）倒三角形脸

特征：脸庞的下半部比较纤细。

印象：纯洁、清朗，少女形象突出。明快、活泼，带有理智性，但有纤弱感和不稳定感。

化妆：重点是把过分瘦削的颊部化得丰隆点，表现出圆滑曲线，以增加可爱感。用色要澄净、明朗，不宜过浓。两额角渲染阴影色，使较宽的额部显得窄些。眉型不宜过长、过粗（如图5-7）。

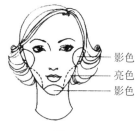

图5-7

（六）长方形脸

特征：面形狭长、棱角分明。

印象：有沉着、冷静、成熟的感觉。

化妆：重点是用渲染的方法改变原来硬朗的轮廓，在化妆时用鲜艳的色彩增加亲切感。面部正中要用匀明色，上下用阴影渲染。眉型不要呈弧形，眉头要离开，并加粗些，唇的外形轮廓要清晰、玲珑，不要呈圆形。下唇要深，胭脂要远离鼻梁，从颊中央抹入，呈圆形晕开（如图5-8）。

图5-8

五、不同妆型的特点

妆型可分为淡妆、浓妆、暖妆、冷妆，不同的妆型使用不同的色彩，会产生风格迥异的妆面效果。在不同的场合，应选择合适的妆型。

（一）淡妆

淡妆适用于日常工作和生活，表现在自然的光线环境中。淡妆对面部进行适当的修饰，不露明显的化妆痕迹。淡妆的用色浅浅柔和，色彩对比不强烈，是比较易于接受的自然妆型。淡妆的用途广泛，在工作或休闲时都可以使用，无论是年轻人还是中老年人，利用这种强调自然的化妆方式，都可以洋溢出自然青春的光彩。淡妆所使用的颜色纯度较低，明度较高。

（二）浓妆

浓妆适用于气氛热烈、光线较强的环境。化妆用色浓重艳丽，颜色之间对比强烈。面部五官的描画夸张，能够突出五官的立体结构与清晰程度。浓妆的用色范围比较广，彩色系与无彩色系的颜色都可以使用。颜色搭配方法丰富，利用颜色间强烈的对比关系，使妆面醒目。例如，明度与纯度较高的颜色搭配使用会产生强烈的对比效果，另外黑白两色也经常用于浓妆中。

（三）暖妆

暖妆是指化妆后，妆面整体效果偏暖的妆型。暖妆以其色彩运用上的暖色调为主，线条自然柔和，妆容看上去喜庆、饱满、随和的特点，非常适合营造温馨、浪漫的氛围。因此，暖妆非常适合用于婚礼、约会、聚会等需要展现温柔、知性、优雅的场合。此外，暖妆也适合在餐厅等温馨的场所中使用，能够增添温馨的气氛，让人感觉舒适和愉悦。

暖妆可分为柔和型暖妆和浓艳型暖妆。暖妆的妆色为色环谱上的暖色系列，如红色、橙色等。当使用的暖色浓重时，妆面效果艳丽醒目；当使用的暖色浅淡时，妆面效果则细腻柔和。暖妆使用的颜色多为红色、黄色、橙色等。

（四）冷妆

冷妆是指化妆后，妆面整体效果偏冷的妆型。冷妆的一个特点是通过运用冷色调眼影和眼线，为眼部增添一份冷傲和神秘感，这种妆容风格不仅适合晚宴和派对等正式场合，也适用于日常妆容。当下流行的"冷脸美人"妆容，如冷脸红唇妆，也是冷妆的一种表现形式。

冷妆的另一个特点是能够通过服饰色彩和面部化妆的配合，营造出一种高贵冷艳的氛围。当被化妆者的服饰色彩为冷色或偏冷色，且人物气质高雅、语言简洁精练、举止以静为主时，冷妆能够更好地展现这种气质和氛围。冷妆又分为浅淡型和浓重型。当使用的冷色浓重时，妆面效果冷艳神秘；当使用的冷色浅淡时，妆面效果则清爽洁净。

任务实施

打造精致的妆容

步骤1：进行妆前面部清洁后，使用水乳进行补水保湿。

步骤2：点涂隔离，使用粉扑拍开。

步骤3：选择适合自己的粉底，使用粉扑轻轻拍开，注意脸和脖子的色差。

步骤4：使用定妆粉或者是定妆喷雾定妆，使妆感更加持久。

步骤5：使用眉粉或者眉笔画眉。

步骤6：选择适合自己的眼影颜色，对眼影进行层次晕染，增强眼睛结构立体感，可以放大双眼，提升面部立体度。

步骤7：根据自己的脸型进行修容。轻扫下颌线和脖子交界处，可以使面部线条更加明显，收缩双下巴。

步骤8：在苹果肌位置涂抹腮红，腮红的位置不能低于鼻底线，否则会显老气，色调与唇妆一致，晕染自然，无边界感。

步骤9：选择与腮红同一色系的口红进行涂抹。

扫码观看
化妆视频

作品展示区

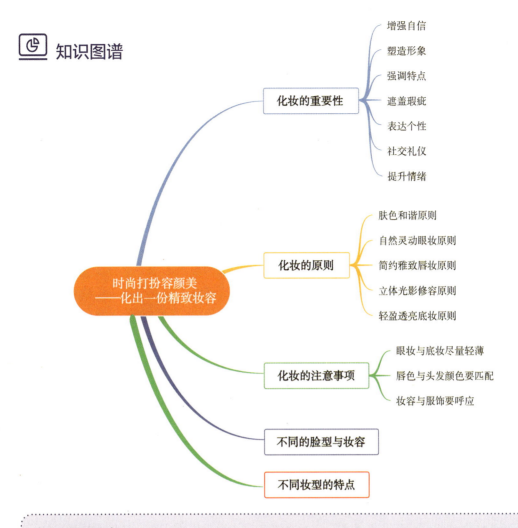

知识图谱

时尚打扮容颜美
——化出一份精致妆容

化妆的重要性
- 增强自信
- 塑造形象
- 强调特点
- 遮盖瑕疵
- 表达个性
- 社交礼仪
- 提升情绪

化妆的原则
- 肤色和谐原则
- 自然灵动眼妆原则
- 简约雅致唇妆原则
- 立体光影修容原则
- 轻盈透亮底妆原则

化妆的注意事项
- 眼妆与底妆尽量轻薄
- 唇色与头发颜色要匹配
- 妆容与服饰要呼应

不同的脸型与妆容

不同妆型的特点

| 知识拓展 |

宋代美妆博主的业务水平有多牛

很多人第一眼看到《清平乐》中的珍珠妆会觉得有些奇怪，特别是徽柔公主嘴角旁的两颗珍珠，给人一种米粒粘在脸上的错觉。其实，这里的珍珠属于花钿的一种。古代女性很早就开始用花钿来装饰面容，通常是将彩纸、云母片等各种材料制作成薄片，剪成花、鸟、昆虫等形状，粘贴在眉心上。

古代还有一种在面颊贴花钿的化妆术，称为面靥或者笑靥。最早的面靥是装饰于面颊两侧酒窝处的红色圆点，商周时期便有了，当时是在皇宫里用作记录妃子月事的标记。古代女性脸部还有一种纹饰叫作斜红，通常位于面颊两侧、鬓眉之间，大多呈月牙状，远远望去，好像是脸上平添了两道红色伤痕，所以取名"斜红"。

宋代女性用来贴面的花钿种类十分丰富，"梅钿"是当时盛行的妆饰，眉心点缀一片寒梅，取其冰清玉洁之意，欧阳修《诉衷情·眉意》云："清晨帘幕卷轻霜，呵手试梅妆"。此外，有雅致华丽的翠钿，有清新动人的鲜花钿，为了使面容更加姣美，宋代的姑娘们还别出心裁地发明了一些"另类"花钿，比如鱼鳃在宋朝就挺流行的，甚至有个好听的名字"鱼媚子"。又比如用蜻蜓的翅膀，还有人用字贴在脸上做装饰，鱼鳞、茶油花饼……都能往脸上招呼。不得不说，宋代的美女们"城会玩"，一些时髦高调的姑娘们甚至将花钿贴得满脸都是，给人以支离破碎感，称为"碎妆"。

按理说，就算满脸贴满花钿也花不了多少钱，只是费些功夫而已。但宋朝皇后说：我偏不，我就要炫富！于是就将那些点点、道道和花花全换成了珍珠：额头上贴一个大的，酒窝那儿贴两个，太阳穴上贴一串。别说，有了两串珍珠的修饰，还真有点现在的瘦脸大法的意思。这种珍珠妆只在宋代盛行，由于珍珠属于稀有之物，普通人家的姑娘难以效仿，因此在脸上贴珍珠的装扮只流行在后妃之间。元明时期，妇女只有在重大场合才会贴上花钿，到了清朝，花钿就从女性装扮中消失了。

有人问了，像珍珠这样的装饰物，是怎么粘到脸上的呢？那个年代应该是没有假睫毛胶水之类的东西的，她们使用的是一种被称为呵胶的物质。据记载，这可能是由鱼鳔制作而成的，而且是一种易融的胶质物。女性在贴花钿之前，只要对着呵胶呵气，并蘸少量唾液，就能溶解了。而在卸妆的时候，用热水轻轻一敷就能摘下，使用起来十分方便。听起来很环保，又安全，至于会不会留有腥味，就不得而知了。

（节选自《宋代美妆博主的业务水平有多牛》，记者陈品，中国日报网2020年5月11日刊）

| **任务拓展**

自先秦时代便有了关于眉毛妆饰的历史记载，可见它从古至今对人们都是非常重要的。那么经历了哪些发展呢？各朝各代又有哪些眉形？妆容为美，请通过书籍、网络搜集相关的历史资料。

任务三　内外兼修姿态美——走出轻盈生活舞步

情境引入

学校模特社团正在纳新，你想加入模特社团，于是在网上搜寻模特走秀的资料，发现秀场中的模特身材挺拔，精神饱满令人艳羡。但好的姿态不仅需要日复一日的坚持，更需要日常时刻注意。那就不妨做一次小的挑战，记录自己的练习日常，改善自己的站姿、坐姿与行姿，来提升自身的姿态美。可以以视频或照片的形式来记录自身体态的变化。

作品赏析

问题驱动

1. 你认为好的姿态美应该是怎样的？请分享一下心中姿态美的标准。

2. 提升自身的姿态美，应该从哪些方面努力？

3. 结合自身情况与观察所见，请谈一谈常见的不良体态有哪些。

知识视窗

一、姿态美

（一）姿态美的含义

姿态美，是人体基本姿态中静态与动态交织的一种美感，它囊括了站立、端坐、行走乃至蹲踞时流露出的自然和谐之美。古人云："站似青松挺且直，行若春风拂面来，坐如古钟沉稳定。"这不仅是对美好姿态的精炼概括，而且是对内外兼修之美的深情颂扬，更重要的是对于礼仪生活的一种自觉追求和表达。

无论是时装走秀台上的璀璨模特，还是日常生活中的你我他，优雅的姿态无疑是提升个人魅力的重要条件，是形象美学的关键要素。鉴于此，作为新时代的大学生，更应高度重视对不良体态的细致管理与积极矫正。通过科学锻炼与良好习惯的养成，我们不仅能塑造更加挺拔健美的身形，提升自身的形象气质，而且能够增强自信心，促进身心和谐。

（二）姿态美的审美评价

姿态美的总体要求是自然、得体、端正、稳重。在审美评价中，姿态美不仅仅是对个人形象与气质的简单判断，更是对一个人内在修养、情绪状态及文化底蕴的综合考量。以下是对姿态美进行审美评价的几个维度：

1. 自然与协调

姿态美首先要求自然流畅，不矫揉造作。身体的各个部位在运动中应保持和谐一致，如头部、躯干、四肢的协调配合，展现出一种内在的平衡与稳定。这种自然与协调不仅让人看起来舒适，也是健康体态的体现。

2. 优雅与端庄

优雅是姿态美的高级表现，它要求在举手投足间透露出一种从容不迫、温文尔雅的气质。端庄则体现在站、坐、行等日常行为中的稳重与得体，不失礼仪风范。优雅与端庄的结合，使人的姿态更加具有吸引力和感染力。

3. 力量与柔美

姿态美并非单一维度的展现，它同时包含了力量与柔美两个方面。力量体现在身体线条的紧致有力，以及动作中的稳健与自信；而柔美则通过身体的柔软度、动作的流畅性以及面部表情的温婉来表达。两者相辅相成，共同构成姿态美的丰富层次。

4. 情感与表达

姿态美不仅仅是身体形态的展现，更是情感与个性的表达。一个人的姿态可以反映出其内心的喜悦、悲伤、自信或谦逊等情感状态。通过姿态的微妙变化，人们能够传递出丰富的情感信息，增强交流的深度和广度。

5. 文化与修养

姿态美还深受个人文化背景和修养的影响。不同的文化背景下，人们对于美的理解和追求也不尽相同。因此，姿态美也体现了一个人的文化素养和审美观念。一个受过良好教育、具有高尚情操的人，其姿态往往更加得体、优雅。

二、站姿、坐姿、走姿的训练

（一）站姿训练

标准的站立姿态表现为：两脚并拢，正步站好，面向正前方，双眼平视，两肩放平自然下沉，头部有意往上顶，颈部拉长，双手自然下垂或交叉于腹前，膝盖伸直，中指正对裤缝线，踝、膝、大腿、臀部肌肉尽量靠拢、收紧；收腹、挺胸、立腰、平稳呼吸（如图5-9）。

训练站姿时可在室内靠墙站立，脚跟、小腿、臀、双肩、后脑勺都紧贴着墙，每次坚持15分钟左右，可养成良好的站立习惯。好的站姿可以使腿部肌肉得到拉伸，并使跟腱拉长。

图5-9　标准站姿

（二）坐姿训练

坐姿在日常学习生活中持续时间较长。"坐如钟"即指要坐得稳重、端正。上体自然坐直，两腿自然弯曲，双脚平落地上并拢或交叠，双膝自然收拢。女生一般由椅子左边入座，再从椅子左边起身站立。坐下时两手分别放在膝上（女生双手可叠放在左膝或右膝上），双目平视，下颌微收，面带微笑。女生若穿裙装入座时应先背对着自己的座椅站立，右脚后撤，使右小腿确认椅子的位置，再整理裙摆，将裙子后提向前拢一下然后随势轻轻坐下，入座后两个膝盖一定要并起，双脚也要并齐（如图5-10）。

图5-10　大学生坐姿

（三）走姿训练

"行如风"即指行走要优雅、轻盈、有节奏感。应保持身体正直，收腹挺腰，两眼平视前方，双臂放松垂在身体两侧自然摆动，摆臂与身体的夹角一般在10°～15°，脚尖微向外或向正前方伸出，跨步均匀，两脚之间相距约一只脚到一只半脚，步伐稳健，步履自然，有节奏感。起步时，身体微向前倾，身体重心落于前脚掌，行走中身体的重心要

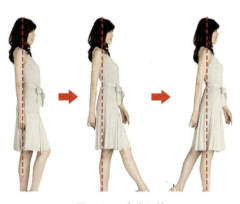

图5-11　走姿训练

随着移动的脚步不断向前过渡，不要将重心停留在后脚，并注意在前脚着地和后脚离地时伸直膝部（如图5-11）。

三、语言表情训练

语言是人类区别于其他动物的本质特征之一，是人类最主要的交流工具，是人思想的直接表达。文明用语是社交语言中非常重要的一个原则，是社交口语中的主旋律。文明用语是指在整个交往谈话过程中，一个人都在使用得体、文明的语言。使用文明的语言交流，不仅可使对方觉得谈话对象有良好的口才，还能反映其良好的教养及品位。

（一）声音与微笑

充满魅力的声音是赢得对方好感的要素之一，因此，在社交中，拥有能赢得对方好感的声音，仅此一点就能赋予声音所有者很大的优势。即便没有与生俱来的魅力声音，也可以通过自身不断努力，发出能够赢得对方好感并充满自信的声音。在日常生活中注意自己的语速、语调，放慢语速，降低声调，会给人一种稳重之感。

微笑是无声的语言，表情极具感染力。人的脸部有80多块肌肉，可以做出7000余种表情。通过脸部表情，人们可以表达自己内心的想法，也可以用来判断他人的心思。一个人只有具备良好的心态和教养，才能表现出理想的面部表情。在决定第一印象的众多要素中，外貌占80%，声音占13%，人格占7%。不难看出，外貌在决定第一印象中起着很大的作用。人们常说外貌的核心在于脸部，而微笑是赢得对方好感的重要因素。

"巧笑倩兮，美目盼兮"（《诗经·卫风·硕人》），微笑能让人敞开心扉，有利于促成人与人之间的合作，懂得微笑的人也会变得积极并充满活力（如图5-12）。柔和的面部表情能展示个人魅力，为构建良好的人际关系打下基础。

图5-12 微笑礼仪

（二）表情传达器官及表达方式

表情既是一个人内心体验的外在表现，反映人的喜、怒、哀、乐等内心世界；也是人传达情感的一种方式，用以表达对人对事的一种态度，即是尊是卑、是爱是恨、是从是逆等。表情是人们交往中的一种无声语言，也是整体形象的一个重要组成部分，表情与容貌、姿势、风度共同构成人的仪表仪态。

1. 面部色彩

人可以通过心理活动过程和面部毛细血管的开放与收缩来调节面部的色彩。面部充血、两颊泛红，可表现害羞，也可以表现激动或冲动。

2. 面部表情

人的面部表情变化都是在大脑的指挥下，通过面部肌肉的收缩和舒展引起复杂的动作变化来实现的。面部参与表达情感变化的肌肉叫作表情肌肉。表情肌肉大多群集于口、鼻、眼、耳的周围，其收缩时引起皮肤的移动，于是显示出面部表情的千姿百态。

3. 表情训练

心理学研究表明，表情这一无声语言所传达的人的心理活动信息要比声音多得多、深刻得多。表情不仅仅是交流的工具，也是情感表达的体现。通过表情训练，人们能够更好地表达自己的情感，在社交中提升个人魅力和吸引力。因此，我们应该学会表情训练，并在日常生活中运用起来。

（1）把握关键"七秒钟"。心理学研究表明，陌生人相见，在最初的七秒钟内，会情不自禁地用眼睛、面容和态度来表达自己的真正感觉。因此，这七秒钟内的表情、语言和姿势，都能影响到别人对自己的看法。如此，首先要有所准备，整理好思绪，做些必要的心理调整，了解交往的目的。然后在与人交谈时要大方且放松，随和并投入，要使自己尽快融入当时的氛围，专注于别人的谈吐，而自己要少说话。说话时要注意音质、声调、节奏和音量，吐字要清晰，面部表情要诚恳、友善，眼睛要表现得专注而有神，要率真自然、充满自信。同时还应做到举止文雅，表现得体。

（2）眉目传真情。眉目配合可向别人表达自己内心的情感，尤其是眼神，不仅能直接把人的内心情绪传达出来，而且能把人的深层心理情感通过眼神的变化反映出来。不同眼神代表不同含义：炯炯有神的眼神，反映为人正直无私；坚毅的眼神，则预示着自强自信。恰到好处的眼神应当真诚热情、明澈坦荡、炯炯有神。交往中运用"眉目传情"的技巧，可让他人对自己产生较好的印象。

任务实施

塑造优雅体态

步骤1：拍摄练习前的体态，并记录下自己的身高、体重、三围等基础性数据。

步骤2：要坚持练习，每隔一周可以记录一次。

步骤3：将锻炼前与锻炼半年后的体态照片进行对比，感受自己体态发生的变化。

步骤4：发现自身体态中存在的不足，继续坚持进行体态训练。

作品展示区

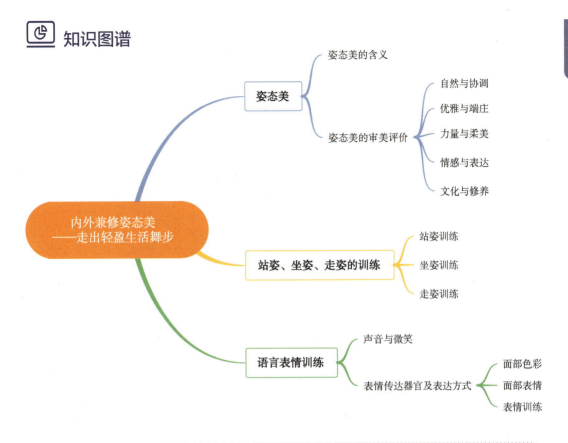

知识图谱

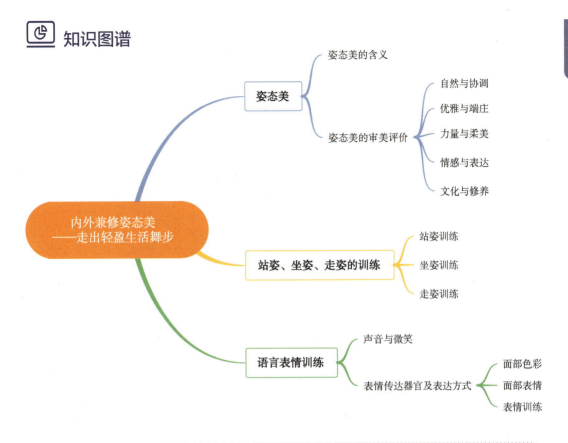

内外兼修姿态美
——走出轻盈生活舞步

姿态美
- 姿态美的含义
- 姿态美的审美评价
  - 自然与协调
  - 优雅与端庄
  - 力量与柔美
  - 情感与表达
  - 文化与修养

站姿、坐姿、走姿的训练
- 站姿训练
- 坐姿训练
- 走姿训练

语言表情训练
- 声音与微笑
- 表情传达器官及表达方式
  - 面部色彩
  - 面部表情
  - 表情训练

项目五 塑造形象之美

| 拓展阅读 |

塑造优雅形象美

优雅的形象美主要由八大要素构成，这些要素可分为两大类别：可视化要素和内在要素。可视化要素主要是指外在的形象表现，而内在要素则是指个人的修养和素质。

首先，我们来详细了解可视化要素。

1. 服饰搭配：优雅的服饰搭配能够展现一个人的品味和个性，得体的穿着可以使人在不同场合中焕发出自信的光彩。

2. 化妆造型：恰到好处的化妆和发型设计可以使人的面部特征更加鲜明，散发出独特的魅力。

3. 场合着装：了解不同场合的着装要求，既能展现自己的身份地位，又能符合礼仪规范。

4. 形体仪态：优美的形体和优雅的仪态是形象美的关键，可以给人留下良好的印象。

接下来是内在要素，这也是一个人优雅气质的基石。

1. 语言艺术：优美的语言表达不仅能够体现一个人的文化素养，还能加强人与人之间的沟通和交流。

2. 文化修养：丰富的文化底蕴使人在言谈举止中散发出独特的气质，让人感受到内在的美。

3. 社交礼仪：遵循社交礼仪，待人接物得体大方，是优雅形象的重要组成部分。

4. 生活方式：健康、文明的生活方式有助于塑造良好的身心状态，从而更好地展现个人魅力。

总之，要想拥有优雅的形象美，不仅要关注外在的可视化要素，还要重视内在要素的培养。只有内外兼修，才能真正散发出迷人的魅力。在日常生活中，我们可以从以上八大要素着手，不断提升自己的形象美，使自己成为更具吸引力的人。

| 任务拓展 |

在教师带领下，学生分组进行形象美的训练，每小组以6—8人为宜。形象提升训练完毕之后，分组进行展示，互相评分，评出最佳表现小组。

技能训练1：微笑训练；

技能训练2：站姿训练；

技能训练3：坐姿训练；

技能训练4：走姿训练。

传承文化之美

要保护好、传承好、利用好中华优秀传统文化，挖掘其丰富内涵，以利于更好坚定文化自信、凝聚民族精神。

——2021年8月23日至24日，习近平总书记在河北省承德市考察时的讲话

中华文化源远流长，她诞生在华夏厚重的土地中，化育于中华5000多年的文明里，又如涓涓细流，以灵动之美温润着诗意，心灵更似点点烛火，以生命之光塑造着本色成长。从了解和探索身边的地域文化、非物质文化遗产及校园文化入手，一步步认识中华优秀传统文化中蕴含的美学思想，这是传承优秀文化、坚定文化自信的必要过程。中华优秀传统文化与高校美育深度融合，是对中华优秀传统文化的保护与传承，能够不断拓宽学生文化视野、积累美育实践经验、夯实各方面美育文化素养。

项目目标 ▶▶▶

知识目标

1. 了解丝绸文化、非遗文化、校园文化的相关知识。

2. 掌握地域文化、非遗文化、校园文化所蕴含的美育元素。

3. 理解传统文化的深层含义和时代价值。

能力目标

1. 具备将传统文化知识有效传播给公众的能力。

2. 具备创新精神和能力，能够结合现代元素，创造出具有时代特色的新文化产品。

3. 能够参与传统文化的实践活动，深化对传统文化的理解和认同。

素质目标

1. 具备高度的文化自觉意识，积极承担传承和弘扬传统文化的责任。

2. 对传统文化有坚定的自信心，能够在面对外来文化冲击时保持文化自信。

3. 注重道德素质的培养，树立正确的世界观、人生观和价值观。

项目展开 ▶▶▶

为了系统而直观地实现以上目标，该项目按照以下三个工作任务有序化展开。

任务一　感受地域文化美——探寻艺术博物馆

任务二　传承非遗文化美——体验非遗工作坊

任务三　浸润校园文化美——参加校园艺术节

任务一　感受地域文化美——探寻艺术博物馆

情境引入

　　走进当地的博物馆，聆听文物（展品）"亲述"历史及文化的乐章、领略历史的魅力、感受文化的力量，与身边的人分享你印象最深的一件文物（展品）及其背后的历史、文化、科学价值。

作品赏析

问题驱动

1. 说一说你对地域文化的理解。
2. 以淄博地区为例，说一说丝绸文化的魅力体现在哪些方面。
3. 中国四大名锦包括哪些？说一说它们的特点。

知识视窗

一、认识传统文化

　　文以化人，日新其德。传统文化是由文明演化而汇集成的一种反映民族特质和风貌的文化，是各民族历史上各种思想文化、观念形态的总体表现。其内容为历代存在过的种种物质的、制度的和精神的文化实体和文化意识。它是对应于当代文化和外来文化的一种统称。世界各国、各民族都有自己的传统文化。

　　中华传统文化是中华民族在五千多年的社会实践中形成的思想理念、传统美德和人文精神的集合，体现出中华民族特有的思维方式和精神标识。它以中原文化为基础，以儒、释、道三家文化思想为主干，相互依存，渗透和影响，构筑成中国传统文化的主体，形成了多元一体、同源共生的文化格局。中华优秀传统文化特色鲜明，博大精深，以人为本，经世致用，世代相传，其核心价值观"讲仁爱、重民本、守诚信、崇正义、尚和合、求大同"，是"我们最深厚的文化软实力"。一般而言，它的内容包括器物、制度、思想等三个层面，由外显向内在，从功用到精神，遵循道器合一，体用贯通的基本法则，自由、圆融而生动地塑造当代中国人的生活，并以其返本开新，活化生成的自觉意识让传统绽放精彩，让生命美好常在。

二、认识地域文化

在我国，地域文化一般是指特定区域源远流长、独具特色，且仍发挥作用的文化传统，是特定区域的生态、民俗、传统、习惯等文明表现。它在一定的地域范围内与环境相融合，因而打上了地域的烙印，具有独特性。地域文化中的"地域"，是文化形成的地理背景，范围可大可小。地域文化中的"文化"，可以是单要素的，也可以是多要素的。地域文化的形成是一个长期的过程，是不断发展、变化的，但在一定阶段具有相对的稳定性。

一方水土孕育一方文化，一方文化影响一方经济、造就一方社会。在中华大地上，不同社会结构和发展水平的地域，孕育了不同特质、各具特色的地域文化，诸如三秦文化、燕赵文化、中州文化、齐鲁文化、三晋文化、巴蜀文化、八闽文化、岭南文化、吴越文化等，它们极大丰富了中华文化的内涵，既特色鲜明，又融合一体。

三、认识齐文化

齐文化，是中华优秀传统文化的重要组成部分和地域代表，以变革、开放、务实、包容、创新为鲜明特色。齐文化的重要发祥地、核心区——临淄，曾作为周代齐国的都城长达800余年，是国家历史文化名城、世界足球起源地。

临淄历史悠久，文化灿烂，底蕴深厚，内涵丰富。先后有姜太公、齐桓公、管仲、孙武、晏婴、齐威王、孙膑、田单等一大批明君贤臣在这里施展过雄才大略，留下了《管子》《晏子春秋》《孙子兵法》《六韬》《考工记》等人类文明成果，创造了至今为人们津津乐道的"以民为本""以法治国""廉为政本""十年树木，百年树人"等300多个齐都成语典故。特别是战国时期稷下学宫，开创了百家争鸣的优良学风，成为中国历史上思想解放运动的策源地，是我国社会科学院、古代协商民主的摇篮，也是世界上最早的公办大学之一。

淄博市周村一直有"鲁商发源地，丝绸之故乡"的美誉，它是我国古代海上丝绸之路和陆上丝绸之路的交汇点和起源地之一，也是我国著名的"丝绸之乡"。电视连续剧《大染坊》艺术化地呈现了它的沧桑故事与商业精神。

四、认识丝绸文化

中国是丝绸的故乡，丝绸是中华文明的重要象征之一，为中华民族文化织绣了光辉的篇章。丝绸，是周村史书中灿烂的篇章，有着2000多年的辉煌历史。丝绸文化是人们在丝绸生产和生活实践过程中所创造的物质财富和精神财富的总和，至今已有五六千年的历史。

中国丝绸以其卓越的品质、精美的花色和丰富的文化内涵闻名于世。几千年前，丝绸从长安沿着丝绸之路传向欧洲，所带去的不仅仅是一件件华美的服饰，更是东方古老灿烂的文明，从那时起，丝绸几乎就成了东方文明的传播者和象征。

（一）丝绸起源

丝绸源于桑树，取自蚕丝，经精工巧织，得绫罗绸缎，彰显贵之荣。5000多年前，华夏先民发明了种桑养蚕和缫丝织绸，后"黄帝、尧、舜垂衣裳而天下治"（《易·系辞·下篇》）。2000多年前，丝绸开启了东西方的经济文化交流，也见证了东方文明走向世界。光阴流转，作为中国古代的伟大发明，丝绸已成为中华文明的重要象征；今时今日，作为中华优秀传统文化的重要组成部分，丝绸文化在当代国际舞台愈发闪亮夺目。

《史记·货殖列传》中记载，"齐、鲁千亩桑麻"。可见当时的齐国和鲁国是国内桑麻重要的生产地。《史记·韩长孺列传》还记载，"强弩之极矢，不能穿鲁缟"。这里的"鲁缟"，指的就是当时鲁国生产的一种轻薄丝织物。而班固《汉书·地理志》中亦有记载，太公以齐地"少五谷而人口寡，乃劝以女工之业，通鱼盐之利，而人物辐凑……故其俗弥侈，织作冰纨绮绣纯丽之物，号为冠带衣履天下"。

（二）嫘祖与丝绸的传说

在中国古代有许多关于丝绸起源的美丽传说。马头娘、马鸣王菩萨、西陵氏嫘祖（亦作"雷祖""累祖"）等，都是被人们祭祀崇拜的蚕神。其中，嫘祖始创养蚕的传说得到官方的认可，成为人们一直以来祭祀的蚕神。

嫘祖始蚕之说，《史记》中已有记载。南宋罗泌《路史·后记五》："（黄帝）元妃西陵氏，曰嫘祖。以其始蚕，故又祀先蚕。"又见于《通鉴纲目·外纪》："西陵氏之女嫘祖为帝元妃，始教民育蚕，治丝茧以供衣服，而天下无皴瘃之患，后世祀为先蚕。"大意是说，在远古时期，有一个叫西陵的部落，这个部落的首领有一个女儿叫嫘祖，她嫁给了中华文明的始祖——黄帝。嫘祖发明了养蚕、缫丝、织绸的方法并传授给人们，大家终于穿上了用丝绸做的衣服，结束了以树叶、兽皮为衣的时代。后来人们为了感念嫘祖

"养天虫以吐经纶，始衣裳而福万民"的功德，就将她奉为"先蚕"，即民间的"蚕神"。

（三）丝绸里的民俗

1. 蚕神崇拜

在科学不发达的古代，人们把丰收的期望寄托于神灵的保佑，据史书记载，从3000多年前的周代开始，朝廷的统治者对祭祀蚕神活动就很重视。历朝历代，皇宫内都设有先蚕坛，供皇后亲蚕时祭祀用，每当养蚕之前，需杀一头牛祭祀蚕神嫘祖，祭祀仪式十分隆重。在民间也如此。蚕神的崇拜是蚕乡风俗中最重要的活动之一，除祭祀嫘祖外，各地还有祭祀"蚕花娘娘"的，有祭祀"蚕三姑"的，也有祭祀"蚕花五圣""青衣神"等蚕神的。而蚕农对所崇拜的蚕神并不讲究，只要能保佑蚕桑丰收就好。民间供奉蚕神的场所和形式也不完全相同，有的建有专门的蚕神庙、蚕王殿，有的在佛寺的偏殿或所供奉的菩萨旁塑个蚕神像，有的蚕农家在墙上砌有神龛，供奉印有蚕神像的"神码"。伴随蚕神崇拜，蚕乡还有各种祭祀活动，如江南一带清明"轧蚕花"就很隆重。

2. 生产习俗

养蚕是一项十分艰辛的生产劳动，而小蚕又天生娇嫩，因此，在养蚕时必须细致入微，不能闪失。几百年来，蚕农们在养蚕过程中形成了一系列独特的生产习俗，如浴种（给蚕种消毒）必须在一个特定的日子，事先要祭祀蚕神；喂养小蚕时，蚕室内要用炭盆加温，保持一定的温度才能使小蚕很好生长，到蚕三眠时可取消炭盆；到蚕最后一眠时，需进行分蚕，或把蚕放入室内地上，或换成大匾。由此产生了各种各样特别的禁忌，从而使养蚕生产蒙上了一层神秘的色彩。

（四）中国四大名锦

锦行天下，丝美千年。中国织锦的产地很广、品种繁多，其中最为著名的有云锦、蜀锦、宋锦和壮锦，合称"四大名锦"。四大名锦凝聚了中国传统文化的精髓和智慧，是中国艺术宝库中的瑰宝。它们以细腻的工艺、鲜艳的色彩和生动的形象展现了中国人民对美的追求和对生活的热爱，代表了中国古代文明的辉煌与丰富。这些名锦不仅是艺术的杰作，也是文化的瑰宝，为世界所称道。

1. 南京云锦

云锦之得名，主要缘于其成品绚丽多姿、灿若云霞。云锦在元、明、清三朝均被定为皇家御品，通常是由弹性好、柔韧度好、光泽好的优质蚕丝制成。南京云锦的制作工艺是非常独特的，其织造技术主要有花缎、织金、织锦、妆花四类。花缎具有明显的图案花纹，分亮花和暗花两种；织金就是用金箔切割成的金丝线来进行织造；织锦是用染好颜色的彩色丝线进行织造；妆花则用色繁杂，五彩缤纷。云锦的花纹图案布局严谨庄重，用色浓艳、对比性强，常以片金勾边，白色相间并以色晕过渡，图案具有浓厚朴质的传统风格，色彩华丽，别具一格（如图6-1）。

图6-1　南京云锦

2. 成都蜀锦

蜀锦是织锦历史中最悠久的锦之一，它源于上古，兴于秦汉，盛于唐宋，繁于明清。蜀锦图案取材广泛而丰富，如神话传说、战相名将、山水人物等。其中百子图、梅兰竹菊、刘海戏蟾等图案是中国民间比较受欢迎的纹样。蜀锦的色调非常鲜艳和明亮，常以大红、宝兰、松绿、紫酱等作底色，图案采用平纹或斜纹组织，纬浮较短，因而色泽朴实沉着，给人艳而不俗、富贵华丽的效果（如图6-2）。蜀锦的品种繁多，传统品种有雨丝锦、方方锦、铺地锦、散花锦、浣花锦、民族锦、彩晕锦等。

图6-2　"五星出东方利中国"汉代蜀锦　新疆维吾尔自治区博物馆藏

3. 苏州宋锦

宋锦产于宋朝，故称其为宋锦，又分大锦、小锦、彩带等多种品类。大锦亦称"仿古锦"，花色有40多种。宋锦以自然界的花草、树木、飞禽走兽为图案素材，纹样风格秀丽严谨，色彩典雅素朴，具有典型的江南丝绸色彩特征。苏州是中国著名的丝绸古城，为锦绣之乡、绫罗之地。苏州宋锦，色泽华丽，图案精致，质地坚柔（如图6-3）。

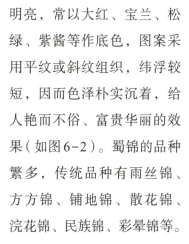

图6-3　明代粉红地双狮球路纹宋锦

4. 广西壮锦

壮锦（如图6-4），作为壮族人民最瑰丽灿烂的文化创造之一，有着非常悠久的历史。壮人善织，《汉书·地理志》中就有关于壮家"男子耕农，种稻麻，女子蚕桑织绩"的描绘。经过千年的发展，壮锦有自成体系的三大种类、20多个品种和50多种图案，以技艺精巧、纹饰精美、结实耐用而著称。壮锦的花纹图案接近剪纸图案，变化多样，千姿百态。传统的花纹图案有花、鸟、鱼、虫、兽以及"万""双喜"等文字。壮锦的线条粗壮有力，色彩艳丽，常用几种不同颜色的丝线织成，色彩以红、绿、黑、黄为主。一般多以红色为背景，色彩斑斓，绚丽多姿，对比强烈，具有浓艳粗犷的艺术风格。

（五）丝绸文创产品

文化赋能，焕发传统工艺的活力。齐锦工坊是山东轻工职业学院与淄博海润丝绸发展有限公司共同创立的校企合作品牌，亦是山东轻工职业学院设计成果转化的推广平台，齐锦工坊致力于用创意设计展现齐文化的深厚底蕴，如图6-5展示的齐锦工坊丝巾，整合淄博丝绸文化、陶瓷、琉璃艺术，用年轻时尚的语言诠释齐文化的独特魅力。

图6-4　对凤花纹壮锦　广西民族博物馆藏

图6-5　齐锦工坊丝巾

任务实施

参观当地博物馆

通过参观当地博物馆并探寻文物背后的故事，不仅可以欣赏到精美的艺术品，还可以深入了解不同文化、历史和艺术流派的发展脉络。这将是一次富有启发性和教育意义的体验。

步骤1：研究展览信息。

在参观前，查看博物馆的官方网站或社交媒体，了解当前展览的主题、展品介绍和开放时间。

制定计划：根据展览信息，制定一个参观计划，包括你最感兴趣的展品和想要深入了解的文物。

步骤2：细致观察。

在参观时，仔细观察文物的细节，如材质、工艺、图案等。这些细节往往蕴含着丰富的文化信息。

阅读展品说明：展品旁边的说明牌通常会提供文物的名称、年代、来源和简要介绍。仔细阅读这些信息，可以帮助你初步了解文物的基本信息。

步骤3：深入探究。

参加导览：博物馆通常会提供免费的导览服务，由专业的讲解员带领参观者深入了解展品。参加导览是了解文物背后故事的好方法。

查阅文献资料：博物馆中通常收藏有与展览相关的书籍、期刊和档案资料。你可以在这里查找更多关于文物的信息。

利用数字资源：许多博物馆都有自己的官方网站或移动应用，提供数字版的展品信息和互动体验。你可以在手机上查看更多文物照片、视频和音频资料。

步骤4：互动体验。

参与互动环节：博物馆有时会设置互动环节，如虚拟现实体验、触摸屏互动等。通过参与这些活动，可以更直观地感受文物背后的文化内涵。

与讲解员交流：如果你对某个文物特别感兴趣，可以向讲解员提问，了解更多关于该文物的信息和背后的故事。

步骤5：反思与分享。

思考文化意义：在参观结束后，思考这些文物所代表的文化意义和历史价值。理解它们是如何反映当时社会的风貌、人们的审美观念和生活方式的。

分享感受：与他人分享你的参观感受和所学到的知识。通过分享，你可以将文物的故事传播给更多的人。

作品展示区

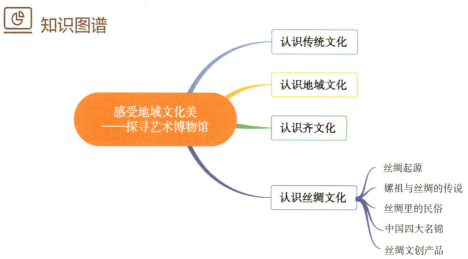

知识图谱

| 知识拓展 |

丝绸文化 时尚中绽放魅力

在积极推进生态文明建设的今天，丝绸文化凭借其传统手工技艺的绿色理念，在时尚潮流中大展风采。以丝绸为重要面料的"汉服""旗袍""新中装"等，正引领着传统服饰文化不断创新。

2014年，其根为"中"、其魂为"礼"、其形为"新"的"新中装"，作为APEC会议领导人服装，向世人展现中华服饰风采。近年来，"汉服热"逐渐兴起，"中国华服日""国丝汉服节"等活动吸引不少年轻人参与，深受人们喜爱。随之而起的，是在海内外流行的"旗袍风"，如今，旗袍已演变为女性正式礼服。在这一服饰新潮流中，无论是凸显气质的新中装，还是宽薄飘逸的汉服、婉约的旗袍，丝绸都是不可或缺的材质——表现东方丝绸之美成为国际时尚。比如"寸锦寸金"的南京云锦，就是当今国际时尚界重要的中国元素。

从世博会、国际电影节到国际时装周，以云锦华服为代表的中国丝绸正不断演绎着传统与新潮的创新融合，塑造并诠释着时尚"中国风"。与此同时，一系列植根传统的中国品牌孵化壮大，丝绸元素被应用在时装、服饰和家居设计中，古老的丝绸走上时尚产业之路。比如，创建于1919年的苏州东吴丝织厂、成立于1957年的南京云锦研究所、成立于1951年的成都蜀锦厂，如今就化身创新企业，在国内国际市场中赢得发展契机，演绎当代时尚生活。

（节选自李启正《丝绸文化 时尚中绽放魅力》，《人民日报》2022年2月25日刊）

| 任务拓展 |

在漫长的发展过程中，丝绸不断被赋予丰富的文化内涵，其样貌也随着时代不断变化，释放出新的活力。在积极推进生态文明建设的今天，丝绸文化凭借其传统手工技艺的绿色理念，在时尚潮流中大展风采。

请你通过资料搜集或实地调研等方式，记录丝绸文化遗产如何焕发生机，通过时尚潮流一展身手。

作品要求：

  1. 作品需附带详细的说明，包括作品的简介及其文化背景等信息。

  2. 作品内容不限，可以是对服装、文创产品等的介绍，但需真实反映丝绸相关的本质特征。

任务二   传承非遗文化美——体验非遗工作坊

情境引入

  你刚刚参观过中国陶瓷琉璃馆，对陶瓷艺术产生了浓厚的兴趣，为了更深入地了解和体验这门古老的艺术，你决定利用当地的陶艺工作室进行实践，创作出一件具有观赏性的陶艺作品。通过亲身参与制作，相信你可以更直观地感受陶瓷的魅力，提升自己的艺术修养。

作品赏析

问题驱动

1. 你认为什么是非遗文化？

2. 你在生活中能接触到哪些非遗文化？这些非遗文化的特征有哪些？

3. 你认为非遗文化的主要价值体现在哪里？

知识视窗

一、认识非遗文化

  非遗全称为非物质文化遗产，是与"物质文化遗产"相对的概念。在中国，非物质文化遗产是指各族人民世代相传，并视为其文化遗产组成部分的各种传统文化表现形式，以及与传统文化表现形式相关的实物和场所。物自天生，工开于人。中国非遗文化非常丰富多样，比如有京剧、中医、传统音乐、传统节日、传统习俗、传统舞蹈、传统文学等。中国昆曲是非物质文化遗产的典型代表（如图6-6）。

图6-6　中国昆曲非物质文化遗产

非物质文化遗产是文化多样性中极富活力的重要组成部分，是人类文明的结晶和宝贵的共同财富，承载着人类的智慧、人类历史的文明与辉煌。截至2022年，中国列入联合国教科文组织非物质文化遗产名录（名册）项目共计43项，总数位居世界第一，为世界文化的多样性贡献了中国色彩。截至2023年12月，具有中国特色的国家、省、市、县四级非物质文化遗产名录共认定非遗代表性项目10万余项，其中国家级非遗代表性项目1557项，各级代表性传承人9万余名，其中国家级非遗代表性传承人3056名。

二、非遗文化的价值

非遗在现代社会中的价值主要体现在文化传承、经济发展、社区凝聚和国际交流等方面。

（一）文化传承

非遗作为传统文化的重要组成部分，承载着丰富的历史记忆和民族文化基因，对于维护文化多样性、促进民族认同和团结具有重要意义。中国是世界上非遗资源最为丰富的国家之一，这些宝贵的文化遗产对于弘扬中华优秀传统文化、增强民族自信心和自豪感具有重要作用。

（二）经济发展

非遗在经济发展中也具有不可忽视的价值。随着旅游业的发展和消费者对个性化、文化体验的需求增加，非遗项目逐渐成为旅游的重要吸引物。非遗项目为当地创造了大量就业机会和经济效益。此外，非遗工艺品也成为文化创意产业的重要组成部分，通过与现代设计、科技的结合，实现了非遗的创造性转化和创新性发展。

（三）社区凝聚

在社区凝聚方面，非遗项目通常与当地社区紧密相关，是社区居民共同的文化财

图6-7　刺绣技艺

富和精神纽带。通过参与非遗传承和保护工作，社区居民能够增强对本地文化的认同感和归属感，形成更加紧密的社区关系。例如，我国一些地区的非遗项目如剪纸、刺绣等，已经成为当地妇女的主要经济来源和社交平台，促进了社区内部的交流与合作（如图6-7）。

（四）国际交流

非遗在国际交流中发挥着重要作用。随着全球化的加速和跨文化交流的增多，非遗成为不同国家和地区之间相互了解和沟通的重要桥梁。通过举办非遗展览、演出、节庆等活动，各国能够展示自己的文化特色和民族风情，增进相互之间的友谊与合作。2006年，国务院规定每年6月的第二个星期六为中国的"文化和自然遗产日"。在每年的文化遗产日，国家文物局都选取一座城市举办文化遗产日主场城市活动，相关纪念活动一直以来都吸引了大量国内外游客和专家学者的关注与参与。

非遗文化是中华优秀传统文化的重要组成部分，它蕴含着丰富的历史、文化和艺术价值。非遗文化之美，体现在它独特的技艺、精美的造型和深刻的文化内涵上。通过对非遗文化的学习和传承，我们可以更好地了解和感受中华优秀传统文化的魅力，并为其注入新的活力和创意。

三、淄博代表性非遗文化

淄博现有十三项民间文化技艺先后被列入国家级非物质文化遗产名录，其中就有一项古老的非遗技艺——淄博陶瓷烧制技艺。了解和学习淄博陶瓷文化，能够为保护和传承中华优秀传统文化贡献自己的力量。

扫码观看
陶碗制作全过程

（一）淄博陶瓷艺术及烧制技艺

淄博陶瓷艺术，源自齐文化的深厚底蕴，展现了一种独特的地域文化魅力。淄博陶瓷，又被称为"淄博窑陶瓷"，是中国传统陶瓷的重要组成部分，其历史可以追溯到距今约4000多年的龙山文化时期。随着时间的推移，淄博地区的制陶技术不断提高，逐渐形成了具有地方特色的陶瓷品种。到了宋代，淄博陶瓷发展到了全盛时期，窑场数量众多，新品迭出。寨里窑的青瓷、磁村窑的黑釉瓷、博山窑的绞胎瓷和宋三彩等品种，都名噪一时。这些陶瓷产品不仅在当时深受人们喜爱，而且也为后世的陶瓷发展奠定了基础。

然而，到了元末明初，由于战乱不断，淄博地区的陶瓷生产遭到了严重破坏，许多窑场停烧。直到明清时期，随着博山琉璃业的兴起和发展，淄博地区的制瓷业才逐渐恢复。但此时，淄博地区的制瓷业已经不再是传统的陶瓷生产方式，而是开始向琉璃生产转型。

尽管历史上淄博地区的陶瓷生产经历了起伏和变迁，但是淄博陶瓷所承载的文化价值和艺术魅力却一直得以传承和发展。如今，淄博陶瓷已经成了中国陶瓷文化的重要代表之一，其独特的制作工艺和丰富的文化内涵吸引了众多国内外爱好者和收藏家。

在淄博陶瓷的发展过程中，齐文化的影响深远而广泛。齐文化的实用主义思想，以及"礼乐文化"和"兼爱、尚同"等思想观念，都在淄博陶瓷中得到了体现。同时，淄博陶瓷的造型、纹饰和色彩等方面也深受齐文化的影响，形成了自己独特的艺术风格。陶瓷作品（胶囊）塑造出一个个肌理细腻、纹饰精美的胶囊形象（如图6-8）。

图6-8 曲冰《胶囊》 第十三届全国美术作品展获奖作品

淄博陶瓷的特色在于其精湛的制陶技艺和丰富的文化内涵。在技艺方面，淄博陶瓷采用了传统的制陶技术，注重胎质、釉色和烧成温度的控制，使得陶瓷表面呈现出温润如玉的质感。在文化内涵方面，淄博陶瓷的主题多与日常生活、历史故事和神话传说等密切相关，体现了齐地人民的生活习俗和文化传统。

图6-9 上合青岛峰会元首用瓷——华青瓷千峰翠色系列

此外，淄博陶瓷的造型和纹饰也非常独特。其器形多样，既有日常生活用品，如餐具、酒具和水器等，也有陈设艺术品和文房用具等。其纹饰精美，多采用刻划、印花和彩绘等装饰技法，使得陶瓷器皿表面呈现出丰富多彩的艺术效果（如图6-9）。

淄博陶瓷文化是齐文化的一种独特表现形式。通过学习和欣赏淄博陶瓷，我们可以更好地了解齐文化的艺术风格和文化内涵，感受中华优秀传统文化的魅力。同时，淄博陶瓷的技艺和艺术风格对于现代陶瓷制作也具有重要的启示意义。

淄博陶瓷烧制技艺，是山东省淄博市传统技艺、国家级非物质文化遗产之一。淄博陶瓷烧制技艺历史悠久，有约8000年的历史。淄博陶瓷经历了漫长的历史过程，糅入了大量文化元素，集语言、文学、艺术、历史、手工为一身，成为中华民族重要的历史记忆和民族符号，是中国优秀传统文化的重要组成部分。2011年5月23日，淄博陶瓷烧制技艺经中华人民共和国国务院批准，被列入第三批国家级非物质文化遗产名录，项目编号Ⅷ-190。

淄博陶瓷的制作过程主要分为以下几个步骤：原料准备、制胎、饰面、烧制和装饰。

随着科技的进步和社会的发展，淄博陶瓷也在不断创新和变革。现代淄博陶瓷在继承传统制作工艺的基础上，结合现代科技手段和艺术理念，不断推陈出新，涌现出许多具有时代特点和地方特色的新品种。

淄博陶瓷是中国陶瓷文化的重要组成部分，具有丰富的历史信息和独特的文化内涵。它不仅是淄博地区的骄傲，也是中国乃至世界陶瓷文化的瑰宝。它以其独特的"手造"和非凡的"匠心"成就了一座城市的美学风骨，瓷韵千年。

除了淄博陶瓷烧制技艺外，淄博还有12项民间文化技艺先后被列入国家级非物质文化遗产，其中琉璃烧制技艺、蹴鞠、周村烧饼制作技艺等都是在国内外享有盛誉的非遗文化的优秀代表。

（二）琉璃烧制技艺

中国琉璃有2900多年历史，她流光溢彩、变幻瑰丽，是东方人精致、细腻、含蓄的体现，是思想情感与艺术灵魂的精美融会（如图6-10）。

图6-10　淄博琉璃作品——仙桃

淄博市淄川区、博山区矿产资源丰富，伴生、共生矿多，矿产资源组合好，其中马牙石、紫石、凌子石是其中重要的三种，造就了琉璃生产所必需的自然资源。淄博在古代就是帝王贵族指定的琉璃外厂造办处，有着深远的历史意义，琉璃与天然的美玉、玛瑙等同样珍贵。淄博琉璃的自身价值在鸡油黄、鸡肝石、亮红、洋青等琉璃名贵色料上得到完美体现。

（三）蹴鞠文化技艺

临淄，被称为世界足球的起源地。2400多年前，在齐国故都临淄形成了一种有明确游戏规则的足球运动——蹴鞠，刘向编选的《战国策》和司马迁的《史记》留下了临淄开展蹴鞠活动明确的记载。

据史料记载，早在战国时期，中国民间就流行娱乐性的蹴鞠游戏，汉代开始成为兵家练兵之法；唐代时马球兴起，练兵习武多采用马球，而蹴鞠则向娱乐方向发展；宋代又出现了蹴鞠组织与蹴鞠艺人；清代开始流行冰上蹴鞠。因此，可以说蹴鞠是中国古代流传久远、影响较大的一朵体育奇葩。

2006年5月20日，蹴鞠已作为非物质文化遗产经国务院批准列入第一批国家级非物质文化遗产名录。

（四）周村烧饼制作技艺

周村烧饼（如图6-11）是淄博市周村名吃，因产于山东省淄博市周村区而得名。周村烧饼源于汉代，成于晚清，制作技艺已有1800多年的历史，是山东省名优特产之一。

据《资治通鉴》记载，东汉延熹三年（160年），就有贩胡饼者流落山东境内，世代相传，风靡各郡县。周

图6-11　周村烧饼

村烧饼的特色是"薄、香、酥、脆"，堪称饼中一绝。"形似满月，薄如秋叶；落地珠散玉碎，入口回味无穷"。

1979年，周村烧饼以"周村"作为商标进行注册，正式定名为"周村牌"周村烧饼。如今周村烧饼已有上百年历史，其悠久的历史、精致的做法，成了淄博美食的典型代表。

2008年6月7日，周村烧饼制作技艺经国务院批准列入第二批国家级非物质文化遗产名录。

此外，淄博非物质文化遗产还有鲁派内画、五音戏、鹧鸪戏、孟姜女传说、牛郎织女传说、周村芯子、聊斋俚曲、阁子里芯子、淄博花灯会等等。它们共同构成淄博独有的文化底蕴，值得我们骄傲和自豪，也更需要我们共同的保护和传承！

任务实施

制作一件陶艺作品

步骤1：材料准备。根据自己的需要准备陶艺制作的材料。

步骤2：造型设计构思。根据个人喜好和创作意图，进行构思和设计。可以先画草图，或者制作小模型。

步骤3：塑型。通过手工塑型或者借助拉胚机等工具进行成型。

步骤4：修饰和雕刻。胚体完成后，可以使用各种工具在陶器表面进行雕刻和修饰，增加其艺术性和观赏性。

步骤5：干燥。修饰完成的胚体需要放置一段时间让其自然干燥。这个过程中，胚体会变得更加坚硬，为下一步的烧制做准备。

步骤6：烧制。这是陶艺制作过程中极为关键的一步。胚体被放入窑中进行烧制，温度和时间的控制非常重要，因为它们会直接影响到陶艺的成色和质地。烧制完成后，陶艺作品就基本完成了。

步骤7：上釉和再次烧制。为了让陶艺作品有更好的色泽和防水性，可以在其表面施上釉料，然后再进行一次烧制。

步骤8：冷却和完成。烧制完成后，陶器需要自然冷却，然后可以进行最后的修整和清洁，这样一件陶艺作品就完成了。

步骤9：拍摄。对完成的陶艺作品进行拍摄，选择合适的拍摄角度和光线，全方位多角度地进行拍摄。

步骤10：发布上交。拍摄完成后，可将图片作品粘贴到"作品展示区"，或是上传到线上展示平台。

作品展示区

知识图谱

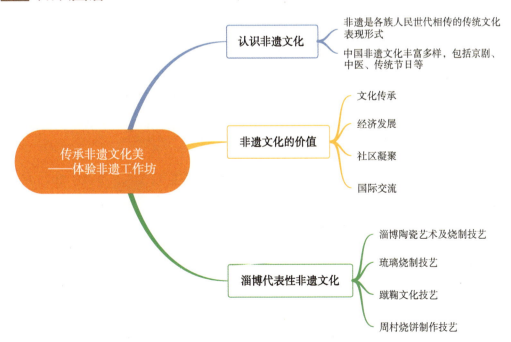

传承非遗文化美
——体验非遗工作坊

认识非遗文化
- 非遗是各族人民世代相传的传统文化表现形式
- 中国非遗文化丰富多样，包括京剧、中医、传统节日等

非遗文化的价值
- 文化传承
- 经济发展
- 社区凝聚
- 国际交流

淄博代表性非遗文化
- 淄博陶瓷艺术及烧制技艺
- 琉璃烧制技艺
- 蹴鞠文化技艺
- 周村烧饼制作技艺

| 拓展阅读 |

中国非遗走向海外，深化文明交流互鉴

中华文明具有突出的包容性，从根本上决定了中华民族交往交流交融的历史取向，决定了中国各宗教信仰多元并存的和谐格局，决定了中华文化对世界文明兼收并蓄的开放胸怀。非物质文化遗产是中华文化的瑰宝。在非遗走向世界的过程中，中国有效推动非遗的创造性转化、创新性发展，通过讲好非遗故事，不断增强中华民族凝聚力和中华文化影响力，深化文明交流互鉴。

武术、榫卯、龙舞、皮影戏……打开一些海外社交媒体网站，在中国文化专题下，以非物质文化遗产为主题的视频产品热度居高不下。千万级的播放量、百万级的点赞数体现了中国非遗的影响力。评论区里，各国网友用不同语言参与互动，表达对中国非遗的热爱："中国有太多令人惊叹的文化瑰宝。""这才是真正的艺术！"

2022年6月，文旅产业指数实验室发布的报告显示，中国非遗相关内容在海外短视频平台的播放总量已逾308亿，春节、中医针灸、京剧等位于关注榜前列。一些非遗传承人、文化机构、非遗爱好者等在海外许多社交平台分享中国非遗的相关内容，这些社交媒体用户参与度高、互动性强，使得非遗视频产生的影响呈指数级增长。

如今，以非遗为媒，中外文明相互交流、和谐共生的文化图景正徐徐展开。阿尔巴尼亚全球化研究所执行主任马尔塞拉·穆萨贝留告诉记者，中国正在向世界讲述精彩的非遗故事。非遗出海增强了中华民族的自豪感，塑造了一个更有吸引力的中国形象，"中国对非遗的继承与弘扬也有助于保护全人类的文化宝藏，体现了中国不断追求文明交流互鉴的价值观"。

（节选自《中国非遗走向海外，深化文明交流互鉴》，《人民日报》2023年6月13日刊）

| 任务拓展 |

寻找非遗文化

你所在的城市有哪些非遗文化？请你去了解和认识当地非遗文化，发现当地非遗文化的美。选择一种非遗文化形式，查找相关资料，以图文展示或视频的形式，与同学们分享你对该非遗文化的认识。

作品要求：

1. 作品需附带详细的说明，包括拍摄地点、时间、非遗项目的简介及其文化背景等信息。

2. 作品形式不限，但需真实反映非遗项目的本质特征。

任务三　浸润校园文化美——参加校园艺术节

情境引入

一年一度的校园艺术节即将举办，其中包含了篆香、掐丝珐琅、投壶、书法、剪纸等传统文化体验活动，以及戏曲、民乐、传统服饰走秀等传统艺术展演活动，同学们通过参与，沉浸式感受中华传统文化之美，领略华夏文明魅力，增强文化自信。为了更好地参与、体验传统文化、技艺的魅力，你决定先学习、了解一门传统文化技艺项目。

作品赏析

问题驱动

1. 你所在的学校中，曾举办过哪些校园文化艺术节活动？给你留下印象最深的是哪一次？

2. 你认为校园文化蕴含了哪些美的元素？

3. 谈谈你们学校有哪些独特的校园文化，给你带来了哪些美的体验与感受。

知识视窗

校园作为思想和知识的圣地，承载着培养未来社会栋梁的重任。校园文化艺术活动是传统文化的展示窗口，学生在参与中能够体验到民族艺术的精湛和历史文化的厚重。书法、国画、戏曲、民乐等传统艺术形式，不再是遥远的历史记忆，而是活生生的现实体验。学生们可在挥毫泼墨中领悟笔法的韵律，在绘制山水间感受意境的深远，在戏曲表演中体会角色的悲欢，在丝竹管弦中聆听历史的回响。

一、校园文化概述

（一）校园文化定义

校园文化指学校所具有的特定的精神环境和文化气氛，包括校园建筑设计、校园景观、绿化美化这种物化形态的内容，还包括学校的传统、校风、学风、人际关系、心理氛围以及学校的各种规章制度和行为准则。健康的校园文化，以立德树人为核心目的，注重全环境建设，可以陶冶学生情操、启迪学生心智，促进学生的全面发展。

（二）校园文化特性

第一，教育性。校园文化是一种教育性的文化，它对师生的思想观念、行为习惯、人格塑造等方面都有着深刻的影响。优秀的校园文化能够激励师生积极向上、奋发向前，促进师生的全面发展。同时，校园文化也是学校教育的重要组成部分，对于提高学生的综合素质、培养学生的创新精神和实践能力具有重要作用。

第二，多元性。校园文化是一种特殊的文化形态，它具有多元性的特点。这种多元性体现在多个方面，如不同的学术观点、不同的文化背景、不同的思维方式等。在校园文化中，各种不同的文化元素相互碰撞、相互融合，形成了丰富多彩的文化景观。这种多元性的特点有助于拓宽学生的视野，培养学生的创新思维和批判性思维。

第三，开放性。校园文化是一种开放性的文化，它不断地吸收着外部世界的各种信息和文化元素。这种开放性不仅体现在校园内部的文化交流上，也体现在校园与社会的互动上。通过与外界的交流和互动，校园文化得以不断地更新和发展，保持着活力和生命力。

第四，创造性。校园文化是一种创造性的文化，它鼓励师生不断地探索、创新和突破。在校园文化的熏陶下，师生们会不满足于现状，积极寻求变革和创新，推动学校事业不断发展和进步。同时，校园文化的创造性也体现在其独特的艺术表现形式和思想表达方式上，能够创造出独特的文化价值和文化品牌。

第五，互动性。校园文化是一种互动性的文化，它需要师生共同参与、共同建设。在校园文化建设中，师生们通过各种形式的文化活动和交流互动，增进彼此的了解和信任，形成良好的人际关系和文化氛围。这种互动性的特点也有助于培养学生的团队合作意识和集体荣誉感。

第六，时代性。校园文化是一种时代性的文化，它随着时代的发展而不断变化。在不同的历史时期和社会背景下，校园文化所关注的问题和所倡导的价值观念也会有所不同。

第七，传承性。校园文化是一种传承性的文化，它承载着学校的历史和文化传统。在校园文化建设中，通过各种形式的文化活动和宣传教育，师生们能够了解学校的历史和文化传统，增强师生的归属感和自豪感。激发融入其间，奋发有为的动力。

（三）校园文化的作用

校园文化在当今高等教育中发挥重要的作用，能够点燃青年学生的热情，唤起青年一代对高尚人格的追求。

第一，校园文化沉淀学校文化精神。

校园文化是学校发展的灵魂，对学生的人生观、价值观产生着潜移默化的深远影响。健康、向上、丰富的校园文化对学生的品性形成具有渗透性、持久性和选择性，对于提高学生的人文道德素养，拓宽学生的视野，培养高素质的人才具有深远意义。

第二，校园文化提升学校文化品位。

古人云，"近朱者赤，近墨者黑。"学校的校容校貌，表现出一个学校整体精神的价值取向，是具有引导功能的教育资源。校园文化作为一种环境教育力量，对学生的健康成长有着巨大的影响。校园文化建设的终极目标在于创建一种氛围，以陶冶学生的情操，构筑健康的人格，全面提高学生素质。

第三，校园文化体现学校文化实力。

校园文化建设包括学校精神文化建设、制度文化建设、物质文化建设和行为文化建设，这四个方面全面、协调发展，为学校树立起完整的文化形象。校园文化核心竞争力主要表现在文化的凝聚力和创造力，优秀的校园文化能赋予师生独立的人格、独立的精神，激励师生不断反思、不断超越，这也是学校发展的重要保证。

二、校园文化与美育相互促进

校园文化与美育的关系是密切而深远的。

第一，校园文化是实现美育的重要载体。通过营造优美的校园环境、举办各种文化活动等方式，可以陶冶学生的情操，培养学生的审美能力，提升学生的文化素养。

第二，美育也是校园文化建设的重要组成部分。美育不仅关注艺术知识的传授，更注重培养学生的审美能力和创造力，提高学生的综合素质。在校园文化建设中，通过开展各种艺术活动、开设艺术课程等方式，可以让学生更好地了解和体验艺术的美，从而丰富学生的精神世界，提升学生的文化素养。

第三，校园文化与美育二者存在相互促进的关系，应充分发挥各自优势、协调发展。在校园文化建设中，为学生提供更加丰富多彩的文化活动和更加优美的校园环境，能够提高学生的文化素养和审美能力，同时还能够充分发挥美育在校园文化建设中的作用。

三、校园文化中的美育元素

校园文化内涵丰富，其中蕴含着诸多美育元素。

（一）精神文化之美

精神文化蕴含的美育元素主要体现在以下几个方面：

1. 社会主义核心价值观之美

学校的核心价值观和校训，体现了对真、善、美的追求，是美育的重要元素。这些价值观能够引导学生树立正确的世界观、人生观和价值观，培养他们的道德情操和人文素养，培养对真、善、美的追求和践行。

2. 学风教风之美

学校的学风和教风体现了学校的治学态度和精神风貌，也是美育的元素。良好的学风教风能够激发学生的学习热情和教师的育人精神，促进学校的教育教学发展。

3. 创新之美

学校对创新精神的追求和鼓励，体现了对未知世界的好奇和对美的探索。这种创新之美能够激发学生的创新意识和创造力，促进他们的个人发展。

4. 和谐之美

学校对和谐校园的追求，体现了对和平、友爱、团结等美好品质的向往。这种和谐之美能够培养学生的团队精神和社会责任感，促进校园的和谐发展。

5. 传统之美

学校对历史文化的传承和弘扬，体现了对传统美德和优秀文化的尊重。这种传统之美能够增强学生的文化自信和民族自豪感，促进学校的文化传承和发展。

（二）物质文化之美

物质文化体系中蕴含着四个美育元素：

1. 自然之美

校园中的自然环境，如绿树成荫的道路、花香四溢的花园、清澈见底的湖泊等，都是自然之美的体现。这些自然景观能够让学生感受到大自然的丰富和美丽，激发他们对自然的热爱和保护意识。通过观察和欣赏自然之美，学生可以提升对美的敏锐度和欣赏能力（如图6-12）。

图6-12　校园美景

2. 艺术之美

图6-13　师生艺术作品展示

校园中的艺术元素，如雕塑、壁画、建筑风格等，都是艺术之美的体现。这些艺术品不仅具有审美价值，还能够激发学生的艺术创作热情。通过欣赏和创作艺术作品，学生可以培养出对美的创造力和表现力（如图6-13）。

3. 历史之美

校园中的历史建筑、文物和纪念物等，都是历史之美的体现。这些历史元素能够让学生感受到学校的历史和文化底蕴，增强他们对学校的认同感和归属感。通过了解和感受历史之美，可以培养学生对历史文化的尊重和热爱。敦礼明伦，崇道向上，从而链接起中华文化生命生生不息的一环。

4. 技术之美

校园中的科技设施、实验设备等，都是技术之美的体现。这些技术设施能够让学生感受到科技的魅力和力量，激发他们的探索和创新精神。通过学习和实践技术之美，学生可以培养出对科技的敏感度和创造力。

（三）行为文化之美

行为文化体系蕴含的美育元素主要体现在以下几个方面：

1. 礼仪之美

学校的各种仪式和典礼，如开学典礼、毕业典礼、颁奖仪式等，都蕴含着礼仪之美。这些活动不仅能够让学生感受到庄重和尊重，还能培养他们的文明素养和社交礼仪。

2. 运动之美

学校的体育活动和比赛，如运动会、篮球赛、足球赛等，蕴含着运动之美。这些活动能够让学生感受到团队合作和竞技精神的力量，培养他们的体育道德和拼搏精神（如图6-14）。

3. 社团活动之美

学校的各种社团活动，如文艺比赛、科技竞赛、志愿者活动等，蕴含着社团活动之美。这些活动能够让学生发挥自己的特长和兴趣，培养他们的社会责任感和创造力（如图6-15）。

图6-14　篮球比赛精彩瞬间　　　　　图6-15　大学生舞蹈表演

4. 师生关系之美

教师的言传身教、师德师风，以及与学生的互动交流，都蕴含着师生关系之美。这种美体现在教师对学生的关爱、耐心和责任心上，也体现在学生对教师的尊重和感激之情上。

（四）制度文化之美

校园的制度文化之美，在于其深邃而细腻的关怀与引导，为学生构筑了一个既严谨又充满活力的学习生活环境。这种美，不仅体现在外在的秩序井然与规则明确，更蕴含在内在的教育理念与价值导向之中。

1. 秩序与自由

制度文化确保了校园的秩序，为每位学生提供了公平、公正的学习机会。同时，它又赋予了学生在规则框架内自由探索、个性发展的空间，让每一位学子都能在自己热爱的领域发光发热。

2. 关怀与激励

制度文化中充满了对学生成长的深切关怀，无论是身心健康、学业进步还是品德修养，都有相应的制度设计来保驾护航。同时，它也充满了激励的力量，通过设立奖学金、表彰先进等方式，激发学生的内在动力，鼓励他们不断追求卓越。

3. 传承与创新

校园的制度文化承载着学校的历史与传统，是校园文化的重要组成部分。同时，它也在不断适应时代的变化，融入新的教育理念和技术手段，展现出强大的生命力和创新能力。

校园文化作为一种融合了历史、艺术和人文精神的独特环境，对于学生的全面发展具有深远的影响。学生在校园中接触和学习传统文化，可以增强文化自信和民族自豪感，培养自身的品德素养和道德观念。同时，学生在创作和表演中将传统文化与现代元素相结合，不仅能够更好地理解和传承传统文化，还能够培养自身的创新精神和审美能力。

任务实施

了解一门传统文化技艺

步骤1：明确任务目标。为了沉浸式感受传统文化之美、体悟传统文化魅力，增进对中华优秀传统文化的认同感，学习、了解一门传统文化技艺。

步骤2：确定要学习的传统文化技艺项目，如一项传统乐器、一曲传统戏曲、剪纸艺术、香囊制作等。

步骤3：收集资料学习。你可以在网上搜集、学习传统技艺，也可以向你身边的老师、同学请教，或是向当地的非遗传承人等请教，学习一门传统技艺。

步骤4：学习成果制作。将你的学习成果以作品的形式展示出来，可以是一件作品，如剪纸等；也可以是一段视频，如演奏传统乐器。

步骤5：成果展示。将你的学习成果粘贴到"作品展示区"，或上传到线上展示平台。

步骤6：成果分享。和同学分享你的作品，谈谈你对传统文化、技艺有了哪些更新的认识与体会，领略到哪些传统文化之美。

作品展示区

知识图谱

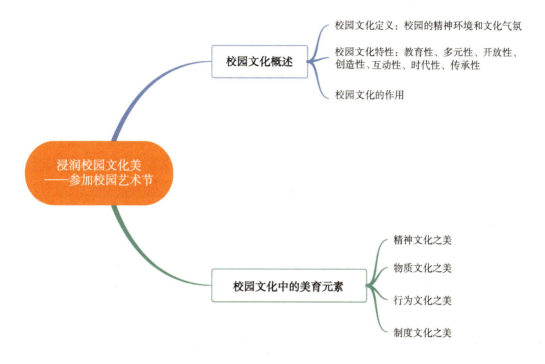

校园文化概述
- 校园文化定义：校园的精神环境和文化气氛
- 校园文化特性：教育性、多元性、开放性、创造性、互动性、时代性、传承性
- 校园文化的作用

浸润校园文化美
——参加校园艺术节

校园文化中的美育元素
- 精神文化之美
- 物质文化之美
- 行为文化之美
- 制度文化之美

| 知识拓展 |

中国春节走向世界

一元复始，万象更新。春节是中华文化中古老而重要的传统节日，是万家团圆、辞旧迎新的喜庆日子。

我们高兴地看到，中国春节的"朋友圈"在不断扩大。全球已有近20个国家将春节作为法定节假日，全球约1/5的人口以不同形式庆祝农历新年。2023年12月22日，第七十八届联合国大会协商一致通过决议，将春节（农历新年）确定为联合国假日。在这个甲辰农历春节，我们见证了中国优秀传统文化在现代化进程中实现创造性转化、创新性发展。我们见证了中国春节正日趋国际化，成为世界共同庆祝的节日。

春节走向世界，是中华文明与不同文明交流互鉴、美美与共的生动体现。春节传承着和平、和睦、和谐的中华传统文化理念。春节传递出来的价值观和人文关怀精神，跨越了国界和文化差异，得到了世界各国人民的共鸣和认同。轻轻打开"春节"这扇窗，国际社会对中华传统文化的了解、尊重和支持与日俱增。我们共同期待文明交流超越文明隔阂、文明互鉴超越文明冲突、文明包容超越文明优越。

（节选自《中国春节走向世界》，作者邢宇，新华网2024年3月3日刊）

| 任务拓展 |

在悠久的历史长河中，中华传统文化孕育出了许多富有特色的传统节日，蕴含着深厚的历史和文化底蕴，代表着民族精神和情感指向。每个传统节日都有一系列的庆祝活动，如赏花灯、吃粽子、挂艾草、吃月饼、贴春联……在如今这个快节奏的现代社会，我们应该珍视并传承这些优秀的传统文化。

今天，又一个传统佳节临近了。请你和同学们策划一次传统节日体验活动，与大家分享在这一过程中的体会与感悟。

活动要求：

1. 收集资料，了解此次传统节日的起源、习俗与庆祝方式。

2. 与同学们制定详细的传统节日体验活动计划，确保活动效果。

3. 将活动过程、同学作品以视频或图片的形式记录下来，并与老师、同学们分享活动的难忘瞬间。

成就人生之美

要坚持立德树人，扎根时代生活，遵循美育特点，弘扬中华美育精神，让祖国青年一代身心都健康成长。

——习近平

从美的内涵来看，美并不只局限于视觉上的刺激，美本身是一种精神层面的感受，具有更丰富的内涵。正如蔡元培所说："美育之目的，在陶冶活泼敏锐之性灵，养成高尚纯洁之人格。"从精神健康层面充分挖掘美学元素，通过美育的滋养，引导学生发现自我、理解他人，以美的眼光审视世界，以美的心态面对人生，从而在成长的道路上不断追求卓越，成就一段充满美好与意义的人生旅程。

项目目标 ▶▶▶

知识目标

1. 理解自我意识、平和情绪等基础知识。

2. 了解幸福感内涵及影响因素等基础知识。

3. 掌握心灵美、幸福感等相关知识。

能力目标

1. 能正确认识自我，悦纳情绪，积极进行人际交往。

2. 能采用学到的技能，提升幸福感。

3. 能理解心灵美思想内涵。

素质目标

1. 树立正确的自我意识、人际交往观等。

2. 树立正确的幸福观。

3. 在生活中有意识地提升心灵美境界。

项目展开 ▶▶▶

为了系统而直观地实现以上目标，该项目按照以下三个工作任务有序化展开。

任务一　塑造健全人格——绘制一张自我画像

任务二　开启幸福人生——制作一个幸福账本

任务三　追寻心灵之美——书写一本感恩日记

任务一　　塑造健全人格——绘制一张自画像

情境引入

凡·高是荷兰人，但长年生活在法国，是后印象派的重要的画家。凡·高一生画过无数的《自画像》，1998年他的一幅没有胡子的自画像以7150万美元拍出。凡·高的自画像均是由他自己面对镜子真实地描画出来的，在他的自画像中可以看到他忧愁的眼神、紧蹙的眉头、轮廓分明的五官或坚毅的嘴角，有完整五官的或已失去一只耳朵的面貌，有的平静、有的强烈、有的素朴、有的庄严……他的不安、痛苦、疯狂、焦虑、宁静都在一系列的自画像中展现。如果以"我的自画像"为题，你会如何呈现自己呢？

凡·高的自画像

问题驱动

1. 你觉得自己是什么样的人？请用三个形容词来描述自己。
2. 每个人都有优缺点，你是如何看待自己缺点的？
3. 遇到不顺心的事情，你会如何调节自己的情绪？
4. 每个人都想拥有好的人际关系，能否分享一下你的人际交往小技巧呢？

知识视窗

人格指的是一个人在情感、行为和思维等方面的稳定特质和模式。人格是一个人的核心，决定了个体的行为方式、认知方式和价值观念。健全的人格能够带给人们美好的生活体验，引导人们走上正确的人生道路，对大学生的成长发展尤为重要。如何拥有健全人格，可重点从以下三个方面努力。

一、体验自我悦纳美

（一）自我意识的内涵

自我意识是一个人对自己的认识和评价，是人对自己身心状态及对自己同客观世界关系的意识，由自我认识、自我体验、自我控制三种心理成分所构成。自我认识是自我意识的认知成分，比如有人观察自己的体形，认为属"清瘦型"；分析自己的品性，认为自己是个诚实的人；用批评的眼光审视自我时，觉得自己脾气急躁，容易冲动。自我体验是自己对自己的一种情绪体验，主要涉及"对自己是否满意""能否悦纳自己"这类问题，比如有人感到自卑，因为自己长得不好看，所以对自己感觉不满意，甚至不愿接受这个丑陋的"我"。自我控制是自我意识的意志成分，主要表现为个人对自己的行为、活动和态度的调控，是要解决"如何有效地调控自己""如何改变现状，使自己成为一个理想的人"等之类的问题。

（二）认识与接纳自我

1. 认清自己位置

"认识你自己"这句话，是刻在古希腊德尔菲神庙石柱上的箴言，也是苏格拉底思想的核心主张。他认为，知道自己的智慧毫无价值的人才是极具智慧的人，人人都应承认自己的无知。知人者智，自知者明。人这一生，总会处于不同的位置，懂得认清自己，摆正自己的位置，才能言有所界、行有所止。这个世界从来不缺优秀的人，很多时候，自己之所以能获得高处的荣耀，不是因为自己长得高，而是自己站的位置高。"愚者自以为聪明，智者则有自知之明。"一个人无论成就有多大，也总有需要学习的东西。认清自己的位置，才能远离傲慢，减少犯错，踏踏实实地往前走。

2. 认清自己的价值

俗话说："尺有所短，寸有所长。"每个人都有自己的长处和短处，只有足够了解自己，才能扬长避短，充分发挥自己的优势。很多时候，选择比努力重要得多。发现自己的价值，选择正确的方向，往往能事半功倍。马克·吐温在文学上的成就显著，但他从商的经历却鲜有人知：第一次投资打字机项目，倾其所有，血本无归；第二次做出版商，由于自己不懂财务也不懂管理，最后公司倒闭，又一次债台高筑。无奈之下，他只能放弃经商，专职写作和演讲。无心插柳柳成荫，没想到，靠着他并不看好的项目，不仅还清了债务，还积累了一定的财富，而他自认为擅长的从商，却让他屡屡受挫。

坚持不懈的执着精神固然重要，但发现自己的天赋并能够付诸实践，更加难能可贵。生活中，找准了自己真正的闪光点，就是找到了真正适合自己的道路。

3. 认清自己的能力

心理学上，有种现象被称为"达克效应"，是指人在评估自己能力时，会有高估的倾向，而且一个人能力越差，这种高估就越严重（如图7-1）。若一味去做超出自己能力范围之外的事情，最后吃亏的还是自己。真正的智者，能够认清自己的能力边界，懂得及时止步。曾经有位登山运动员为了征服珠穆朗玛峰，准备了好几年。但在攀登到海拔7000米时，体力尚有剩余的他毅然选择了后撤。许多人表示不解，但他自知，冲顶虽是一步之遥，可自己的极限已到，逞能只会给自己带来生命危险。凡事要尽力而为，更要量力而行。当一个人能够平视自己，才能看到最真实的自己和世界，行稳致远。

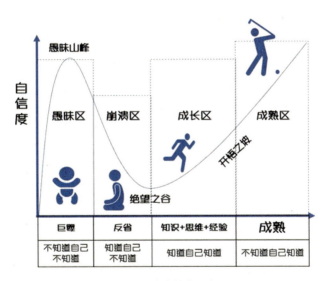

图7-1　达克效应示意图

4. 认清自己的目标

明确自己真正想要的是什么，是走向幸福的第一步。曾看过一位"农民诗人"的故事。这位诗人学历并不高，忙完农活的闲暇时间喜欢读书，便学着用诗抒发内心的情感。一次偶然的机会，他去参加了一个文学大会，有人对他说："你以后改写爱情诗吧，阅读的人群会更多。"他却说："我就是个地地道道的农民，哪懂什么爱情诗啊？我一走进庄稼地里，看到我亲手耕种的大片庄稼，心底的诗就咕嘟咕嘟地往外冒。"后来的日子，他并没有转向去写爱情诗，依然坚持着自己的农耕与笔耕，还凭借自己的实力加入了当地的作协。日子如果没有目标地过下去，不过是几段散乱的岁月。找准目标，慢慢去沉淀自己、锻炼自己，才有成功的可能。人有两个眼睛，可以看世间、看万物、看他人，但少有人看到自己。认清自己，才能逐步找准自己的定位，掌控好人生前进的方向。

二、塑造平和情绪

一个平和的情绪，比一百种智慧更有力量。我们可以发现，越是成功的人，越会将自己的情绪保持在平和的状态中。那些一遇到不如意的事情就大发脾气的人，很难取得成功。因为，当他们的情绪产生波动时，他们的思维就会被左右，他们就容易做出让自己后悔的行为。心理学研究证明：一个人能够保持情绪平和，比拥有智慧更加重要。

（一）情绪的内涵

情绪，是对一系列主观认知经验的通称，是人对客观事物的态度体验以及相应的行为反应，包括三种成分：在认知层面上的主观体验、在生理层面上的生理唤醒、在表达层面上的外部表现。

1. 主观体验

情绪的主观体验是人的一种自我觉察，即大脑的一种感受状态。人有许多主观感受，如：喜、怒、哀、乐、爱、惧、恨等。人对自己、对他人、对事物都会产生一定的态度，如对朋友遭遇的同情，自己受到不公平对待时的愤怒，考试失败时的失落等。人们对同一事物的态度会产生不同的感受，如同样是考试成绩为60分，有的人会高兴，有的人会难过。

2. 生理唤醒

人在情绪反应时，常常会伴随一定的生理唤醒，如激动时血压升高、愤怒时浑身发抖、紧张时心跳加快、害羞时满脸通红。脉搏加快、肌肉紧张、血压升高及血流加快等生理变化，是人的生理反应过程，常常是伴随不同情绪产生的。如考试来临前，有人会感觉紧张、手心冒汗等。

3. 外部表现

情绪作为一种内心体验，一旦产生，通常会伴随相应的非言语行为，如悲伤时会痛哭流涕、激动时会手舞足蹈，高兴时会开怀大笑。这些表情就是情绪的外部表现。表情可以分为面部表情、姿态表情和语调表情。

（二）塑造平和情绪的方法

《红楼梦》里的林黛玉不仅才华出众，而且纯洁、真诚，但因自幼羸弱多病，多愁善感，经常郁郁寡欢、茶饭不思。当她听说贾宝玉与薛宝钗成亲时，一气而绝，悲愤而逝。从心理学角度看，正是她内心的抑郁情绪造就了自己的悲剧。

毕达哥拉斯说，做自己情绪的奴隶比做暴君的奴隶更为不幸。当我们面临愤怒、抑郁、悲伤、焦虑等消极情绪时，我们可以做的事情是积极调适。

1. 乐观面对法

乐观面对生活的人，通常热爱生活，即使遭遇挫折、失败，他们也能够保持积极的情绪。大仲马说过，人生是一串由无数的小烦恼组成的念珠，乐观的人总是笑着数完这串念珠。古希腊哲学家苏格拉底和几个朋友住在一间面积只有七八平方米大的房子里，有人认为他居住的条件太差了，他说："和朋友们住在一起，随时可以和他们交流感情，是值得高兴的事啊。"几年后，他一个人住，又有人说他太寂寞了，他说："我有很多书啊，一个书就是一个老师，我和那么多老师在一起，怎么会不高兴呢？"之后，他住楼房的一楼，有人认为一楼的环境差，他却说："你不知道啊，一楼方便啊，进门就到家，朋友来方便，还可以在空地上种花、种菜。"后来，他又搬到顶楼，有人说住顶楼没好处，他说："好处多啊，每天爬楼锻炼身体啊，顶楼光线也好。头顶上没干扰，白天晚上都安静。"苏格拉底的一生，无论是身处何种环境，都能从中找到乐趣和积极的意义，这种心态无疑是值得我们深思和学习的。

2. 自我暗示法

自我暗示法主要通过语言来激发或抑制人的心理和行为。自我暗示对人的情绪乃至行为有奇妙的作用，既可用来放松过分紧张的情绪，又可用来激励自己。当愤怒、忧愁、焦虑、面临困难、遇到挫折时，不妨心中默念一些鼓励自己的话，比如"别人能行，我也一定能行""一切都会过去""别人不怕，我也不怕"，这种积极的心理暗示在很多情况下能驱散忧郁和怯懦，使自己恢复快乐和自信。

3. 注意转移法

培养一些爱好，在心情不好时，做一些自己喜欢的事，如看书、看影视剧、听歌、唱歌、做运动等，可以让自己的心情变得愉快。音乐疗法是注意转移法中比较常用的方法。音乐疗法主要是让有压力的人欣赏不同的音乐，然后把他们从不同的负面情绪中解脱出来。除了听歌，唱歌也能够起到同样的作用，特别是放声高歌，可以带走紧张、激动的情绪。运动、旅游、散步或进行体力劳动，都可以把消极情绪释放出去。

4. 合理宣泄法

如图7-2所示，向他人倾诉、在适当的场合哭、大声喊叫、写日记等，都是将情绪由内而外宣泄出去的方法。人们把压力表达出来比压抑或者回避压力更有益于心理健康。一项由某大学心理学系进行的长达两年的追踪研究表明，参与情绪宣泄干预的各组在焦虑、抑郁水平上有显著降低，压力感知减轻，同时生活质量提升。其中，倾诉组和表达性写作组在心理

图7-2 合理宣泄情绪

健康改善方面表现出更为显著的效果，这可能与这两种方式能更直接、深入地触及个体内心深层的情感和需求有关。此外，研究还发现，持续参与情绪宣泄活动的参与者，其心理健康的改善效果更为持久和稳定。这表明，将情绪由内而外宣泄出去，不仅有助于缓解短期内的心理压力，还能对个人的长期心理健康产生积极影响。

5. 自我放松法

心理学家认为，人们长期处于高度紧张状态会使自身免疫力下降，从而引起生理和心理疾病，被称为心理问题的躯体化反应。学会自我放松则可以缓解情绪带来的身心疲劳，恢复身心的平静。自我放松法包括深呼吸放松法、渐进式肌肉放松法、想象放松法等。

三、构建和谐人际关系

人际交往，是人们在社会生活中交流信息、沟通感情、相互作用和相互知觉的过程，它表现为人与人之间的心理距离，也反映着人们寻求满足的心理状态。所以，人际交往，是人内在的一种不可或缺的心理需求。一般说来，具有良好人际关系的人，更容易保持开朗的性格和热情乐观的品质，从而正确认识、对待各种现实问题和矛盾，形成积极向上的出色品质，迅速适应新环境。相反，如果在人际交往中频繁受挫、难以建立亲密的关系，则更容易感到压力和痛苦，出现消极回避、寝食难安等身心反应。若未得到及时的调节，又在生活中缺乏亲密的关系，可能会逐渐失去与人结交的信心和意愿，继而丧失建立人际关系的能力，离群索居，形成恶性循环。

（一）人际关系和谐的表现

1. 互相尊重

要想建立人际关系一定要"谦"字当头，就是要学会谦虚，学会尊重他人。尊重每个人的人格和感情，尊重别人的劳动和成果，尊重别人的生存智慧和处世哲

学，不可妄自尊大。因为，每个人都是独特而平等的，属于你的那些"行之有效的方式"，不一定适用于对方。即使是好意，也需要对方愿意承接才有意义。美国家庭治疗大师萨提亚女士提出了"协调一致的沟通模式"，指出：理想的人际沟

图7-3　萨提亚模式——四大不良沟通模式

通，需要同时注意"自我""他人""环境"三大要素。在这种模式下，我们既不贬低自己，也不高抬自己，而是能把自己放在一个适当的位置聆听、回复他人，在使他人感到被尊重的同时，也让自己的需要得到满足，这样双方的关系才能长久地维持下去。

同时，萨提亚提出人与人在相处过程中的四种不良沟通模式（如图7-3），分别是指责、讨好、超理智、打岔，我们应尽量避免。

2. 平等相待

在待人问题上，一定要做到真诚大方，切忌以貌取人或把人分成三六九等。有的人对自己有用的人际关系笑脸相迎，而对暂时用不着的人就疏远不理，带着这样的功利心所建立的关系也只是各取所需，不是真实的、有情感的人际关系。凡事能怀着待己之心来对待他人，平等对待世间事物，这是一种高尚的人格修养，也是一种同理心的表现。在与人交往的过程中，要尝试去体会他人的情绪和想法，理解他人的立场和感受，并站在他人的角度来思考和处理问题。做到平等待人，也就容易获得他人的尊重。

3. 热心助人

利他行为是人际关系的催化剂、润滑剂。帮助他人能够有效地排除人们的失落感、孤寂感和焦灼感，消除人与人之间的罅隙和隔膜，从而有效地将人与人相互联络起来，使人与人之间的关系更为融洽、紧密、和谐，进而有效促进人们的心理健康。就像法国作家拉布吕耶尔说的那样："最好的满足就是给别人以满足。"

（二）人际交往"SOFTEN"原则

亚瑟·瓦斯默在他著名的《交往》一书中提出了人际交往的"SOFTEN"原则：

"S"（Smile），微笑。微笑可以展示出一个人的热情、大方，显得更加平易近人，让别人更容易接纳。

"O"（Open posture），肢体舒展。通过张开双臂的动作表明我们的心扉是敞开的，

对方也能接受到这样的讯息。

"F"（Forward lean），身体前倾。做一个优秀的倾听者，缩短与交谈者内心的距离。

"T"（Touch），身体接触。在把握好分寸感的前提下，我们可以通过一些礼貌的身体接触来拉近与交际对象间的距离。

"E"（Eye contact），眼神交流。我们常说眼睛是心灵的窗户，看着对方的眼睛可以向对方表达你在专注于这段对话，对方也更加乐于与你进行更多的沟通和分享。

"N"（Nod），点头。微微的点头会让对方感到我们确实在认真听，并且理解了对方讨论的内容。这是一种反馈的动作，更容易让对方有聊下去的动力。

在人际交往中，"SOFTEN"原则会让我们有意识地控制自己的行为，表现出更友好、更善于接纳他人的状态，释放出令人感到安全友善的讯号，更容易获得和谐的人际关系。

优秀的人才，往往都伴随着优秀健全的人格，这是亘古不变的铁律。人格既不是天生的，也不是永久不变的，人格会随着时间而改变，这就需要我们不断提升自己，塑造健全人格，并且应做到正确认识自我、学会学习、学会生活、学会合作，养成积极乐观的心理品质，提高适应社会、应对挫折的能力。

任务实施

绘制一张自画像

步骤1：发挥想象力，画一幅自画像。通过画来表现自己，可以是写实的，也可以是最能够代表你特点的动植物，画得好不好、像不像都没关系，但一定要能够说出你对自己的认识。比如，有的人爱笑，画了一朵微笑的向日葵作为自己的画像。

步骤2：为自画像写成长故事，并在组内交流分享，然后小组选派一名代表在全班分享。

步骤3：为自画像增光添彩。请大家想一想还可以添加什么能让自己的画变得更俏呢？比如，在自己画的大树上加上几朵花，或者最好能有几颗小果子。

步骤4：讨论分享自己的收获。

作品展示区

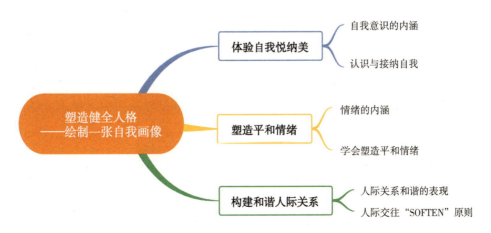

知识图谱

塑造健全人格
——绘制一张自我画像

体验自我悦纳美
- 自我意识的内涵
- 认识与接纳自我

塑造平和情绪
- 情绪的内涵
- 学会塑造平和情绪

构建和谐人际关系
- 人际关系和谐的表现
- 人际交往"SOFTEN"原则

| 拓展阅读 |

孟子的理想人格之美

人格是构建人生大厦的支柱，是人生亮丽的风景线。孟子推崇的理想人格是"富贵不能淫，贫贱不能移，威武不能屈"，认为人格远远高于财富、权力、地位，主张做人要有"大丈夫"精神。

一是性善论。理想的人格必须建立在"善良"之上，孟子提出了"人之初，性本善"，并把"性善"具体阐述为恻隐、羞恶、恭敬、是非等"四心"，对应这"四心"的仁义礼智不是外加的，而是"我固有之"的。但他又说"求则得之，舍则失之"，即要自觉地向自身内心去追求，才能得到。可见，孟子的人格形成与性善论息息相关。他从人性的善，升华了人生的境界。

二是忧天下。国家富强，百姓安居乐业，本来是一件好事，但是天下事总是祸福相依，需要辩证地对待。孟子伟大人格的形成，一定程度上离不开他以天下为己任，对民生、对理想、对士风、对事业的忧患意识。《孟子》一书里类似的表述非常多，诸如"生于忧患，死于安乐""忧以天下，乐以天下""其操心也危，其虑患也深"等等。在孟子看来，忧患的作用至少有三种：一是防患未然，二是警示已然，三是引领必然。可见孟子伟大人格的塑造，亦离不开其忧患思想。

三是省吾身。先哲们对人格的历练，非常强调对自身的反思。这种对自身的反思，在孟子身上也非常明显。《孟子·尽心上》中说："万物皆备于我矣。反身而诚，乐莫大焉。强恕而行，求仁莫近焉。"在孟子看来，"反身"就是反省自身；"反身而诚"，就是全面地反思自己。若人反省自己的时候，发现自己从不欺骗他人，也不自欺，他就做到了"诚"，他便具有天的德行，怎能不感到愉快呢？更重要的是，这种反省自己的生活方式，可以使人活得更有道德，更有魅力，更有风骨。

（节选自《〈孟子〉中描述的理想人格》，作者龚彦成，《学习活页文选》2019年第6期）

| 任务拓展 |

20个我是谁

1. 写出20句话，描述我是怎样的人，要求尽量选择一些能反映个人风格的句子，避免出现"我是一个女生"之类的话。句式："我是/我……"。

2. 然后将陈述的20项内容做下列归类：

（1）身体状况类（体貌特征：如年龄、身高、体型等）；

（2）情绪状况类；

（3）才智状况类；

（4）社会关系类（与他人的关系等）。

3. 评估一下你对自己的陈述是积极的还是消极的。在每句话后面加上加号或减号，加号表示这句话表达了你对自己肯定满意的态度，减号则相反。算一算你的减号和加号的数量各是多少。加号多于减号，说明你的自我接纳状况良好；反之，减号近一半或超过一半，表明你不能很好地接纳自己。

根据以下问题写活动心得，问题如下：

1. 我的加号多于减号，我是否是一个自信的人呢？我的自信来自哪里？

2. 我的减号近一半或多于加号，我不自信的根源是什么？我的真实情况是怎样的？有没有改善的方法？

3. 我容易受他人评价的影响吗？

请将20句话及活动心得写到A4纸上，贴在作品展示区，并将文档拍照上传线上展示平台。

作品制式：文档条目清晰，文字整洁，拍照图片清楚。

任务二　开启幸福人生——制作一个幸福账本

情境引入

长期以来，人们对抑郁、焦虑等消极情绪和心理状态的关注较多，而对幸福、快乐、满意、乐观等积极情绪和心理状态的关注则比较少。作为一名大学生，学会在平凡的生活中感受生活的美好，提升幸福体验的积极情绪，拥有主观自我的幸福感，是决定你是否能通往幸福、阳光、快乐的未来的一样重要技能。你能感受到生活中的幸福吗？

请同学们完成表格，制作一个幸福账本。要求如下：

1. 形式：手绘并填写表格，可按照自己的想法进行设计。"幸福收入/支出"一列满分100分，最低分0分。

2. 材料：A4纸，中性笔。

3. 数量：每人至少1个幸福账本，至少包含5条内容。

作品赏析

问题驱动

1. 每个人对幸福的标准和定义不同，每个人感知幸福的能力也不同，那么在你眼中幸福的事情是什么？

2. 幸福会受到遗传因素的影响，有些人天生比较乐观，而有些人总是看到事情不好的一面，除此之外，你认为还有什么会影响到我们的幸福感呢？

3. 幸福感是否可以培养？如果可以，请和同学们分享一下你的小技巧。

知识视窗

一、什么是幸福

（一）幸福的含义

幸福是一个深刻而复杂的多元概念。不同的人可以从不同的角度与不同的侧面去探讨，因而对这个问题会产生多种多样的回答。有的人可能会说幸福就是有好吃的和好穿的；有的人则认为幸福来自欣赏美景和艺术；有的人认为幸福就是实现自己的目标；有的人认为幸福就是创造，是为他人、为社会作贡献；有的人甚至说幸福就是吃苦。

幸福一般称为主观幸福感。幸福的主观性很强，不同的人在主观上有不同的理解。图7-4杨绛的幸福语录体现了一种幸福感受。

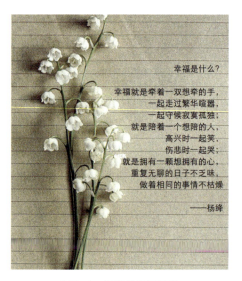

图7-4　杨绛的幸福语录

（二）幸福的影响因素

1. 幸福感具有生理遗传基础

不少研究都显示，幸福感是具有生理遗传基础的，如研究发现，在不同的家庭环境中抚养长大的同卵双生子的主观幸福感水平的接近程度比在同一个家庭中抚养长大的异卵双生子要高得多，还估计出了遗传所产生的变异量。一系列关于幸福感与气质关系的研究也显示出幸福感是具有生理遗传基础的。关于幸福感与气质二者之间关系，得到普遍认可的一种模型认为，人具有快乐或不快乐的基因素质，即由先天的神经系统差异造成的气质差异会使不同人倾向于体验到不同水平的幸福感。

2. 个人的特征对幸福有所影响

美国人保罗－考斯塔和他的同事，对5000名美国成年人进行了长达10年的跟踪调查后得出结论："个人持久的特征对快乐有很大的影响。"他们指出，不管一个人的性别、种族、年龄，也不管他/她的婚姻状况、工作、住处是否改变，在一开始调查时就快乐的人在10年之后仍然快乐。另外，在20世纪20年代，加利福尼亚大学的贝克莱研究员用半个多世纪的时间追踪调查了一组青年男子的生活，他们发现调皮少年在之后的生活中通常比别人想象的要好得多，还发现人的情绪具有稳定性。换句话说，快乐的青少年也将是快乐的成年人。

二、提升幸福感的途径

幸福，是一种感觉，它不取决于物质的丰富，而在于心灵的满足。在快节奏的现代生活中，我们常常被各种压力和琐事所困扰，忽略了生活中那些能够提升幸福感的小事。以下是一些简单而有效的小技巧，有助于提升幸福感，让生活变得更加美好。

（一）正面的自我暗示

我们已经知道，积极、自信和外倾的人格与幸福感有着紧密的联系。可是，怎样才能达到呢？一种重要的方式是学会用行为开拓新的思考方式，即用行为引导我们的情感和思维。

例如，你想在某方面改变自己，变得更快乐、更自信。如果你真想改变，答案很简单，一个有效的方法就是每天起床后开始做想做的事情。不要担心你做不了，你可以假装自信、乐观和外向。这些方法就是激励人们去实践更自信的谈话和行为，从而导致真正的自信。因为他们都相信"语言就是事实"的作用。当然，我们不能期望自己变得更加情绪高涨或时刻充满自信，但是我们可以不软弱地顺从我们的特性和情感，从而一步一步地提高自己。例如，我们可以学会微笑，或者试着边大步走路边摇晃自己的手臂，同时眼睛向前望。很快我们就能提升自己的情绪，因为心理学家发现"注意仪态可以左右情绪"。总之，如果你想变得快乐，那么你可以先假装快乐，最后一定能变得更快乐。

（二）设定明确的生活目标

幸福感产生于人对美好事物的无限追求之中。尽可能去实现各种可能生活，是幸福生活最基本条件之一。大学生只有充分认识自己学习的意义，并把自己生命的终极意义与之联系起来，才能获得有意义的大学生活。而要做到这一点，便需要确立崇高的人生理想和信仰。心理学认为，人的稳定精神素质是同终极关怀密切相关的。真正的理想和信仰能排除一切心灵的焦虑和思想的不安，以及一切灵魂的混乱和骚动，引导人们走向和谐、安宁。一旦灵魂为有力的信仰所充盈，就会不断审视自我，改造行为，规划未来。将一改往昔安于现状、不求思索的状态，让一切都变得有意义起来，幸福便会随之而来。事实上，缺乏幸福感的大学生，往往是缺乏理想和信仰的人。这些学生在经过紧张的高考进入大学后，由于没有了新的理想目标，外部压力降低，精神压力也渐松懈，"在过了一段无所事事的日子后，感到了空虚和厌倦"。理想信仰的缺乏，毫无人生追求的生活，带来了人生意义的丢失，从而失去了人生幸福。可见人生意义的源头在于人生信仰。而幸福感是人生意义或人生理想目标实现时的积极心理感受。因此，确立崇高的人生理想和信仰，是幸福感实现的基本主体条件。

（三）积极改善社会关系

要想得到亲密的朋友，必须积极增加社会交往，与他人进行信息交流和情感沟通。个体必须提高自我表现的程度，如果做不到这一点，那他/她将是孤独的。研究发现，尽管有些学生有相当多的朋友并且他们与这些朋友相处的时间很多，但是这些学生仍然感到孤独，因为他们与朋友在一起时讨论的都是一些非个人的主题，如体育和流行音乐等，而不是他们的真实感受。亲密的朋友会有相似的信仰，对问题有相似的态度和观点，有相似的兴趣等，这样他们能相互分享，提高自尊水平，进而提高幸福感。另外，朋友的人际网络关系还可以形成一个内群体，这对保持个体的自我认同和自尊、提供帮助和社会支持都非常重要。也有研究者提出，要获得良好的社会支持，可以有以下做法：和幸福的人在一起；和朋友在一起；让人们对你所说的话感兴趣；照顾别人；做一次率直和开放的谈话；向别人表达自己的爱；感觉到别人的爱；和心爱的人在一起；感激或赞扬别人；做一次快乐的谈话；探望老朋友；给别人提供帮助或建议；使别人快乐。

幸福是人类存在的最终目的与理想，幸福的本意在于创造幸福感。培养大学生的幸福感就是培养一种热爱生活的能力。一个能够热爱生活的人，终会是一个自我实现的人。同时，这一过程中必然会关爱他人、融入社会、成人达己，这也正是我们教育的最终目的。

任务实施

制作一个幸福账本

步骤1：给"我"的幸福打分。预先准备好幸福账本，请同学们对近期的幸福感受打分，满分100分，最低分0分。

幸福账本

时间	地点	发生什么事?	幸福收入/支出
汇总			

步骤2：记录我的幸福账本。每人在幸福账本上记录在近期令自己感到幸福的事。

步骤3：分享"我"的幸福账本。学生以4人为一组，交换各自的幸福账本，说一说在近期令自己感到幸福的一件事。

步骤4：再一次给"我"的幸福感受打分。请同学们拿出我们的幸福账本，再次为我们的幸福感受打分，看看是不是有所提高？

作品展示区

📊 知识图谱

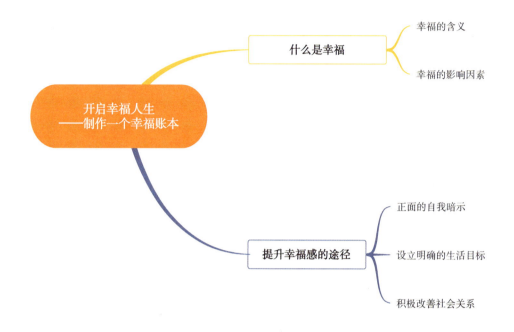

开启幸福人生
——制作一个幸福账本

什么是幸福
- 幸福的含义
- 幸福的影响因素

提升幸福感的途径
- 正面的自我暗示
- 设立明确的生活目标
- 积极改善社会关系

| 拓展阅读 |

幸福的人生，需要这三种心态

对过去，要接纳。回望过往，不管是遗憾、失落，还是满足、欣喜，都是生命中的一种经历与体验。那些能把现在过好的人，都能够接纳过去，并从中汲取力量。人生没有白走的路，每一步都算数，每次经历不同的人和事，我们都会明白一些道理，有所收获，有所成长。时间不会说谎，它会让你看清什么才是最重要的，也会让你懂得什么才最该珍惜。

对现在，要珍惜。过去已经过去，未来尚未到来，我们唯一能把握的正是现在。你想要收获什么，就得付出什么，脚踏实地的努力就是向着梦想靠近的最佳途径。生命是由每一个当下组成的，过好每一个当下才能无愧于人生。珍惜现在，珍惜拥有，好好爱自己、爱朋友、爱家人，踏实走好脚下的每一段路，不辜负眼前的点滴时光，就是我们对待人生最好的方式。

对未来，要相信。未来之所以美好，就是因为它寄托着我们的期待。生活是一面镜子，你对它什么样，它就对你什么样。把目光放长远一点，你就会发现：只要每天都在进步，哪怕一点点，慢慢积累，未来就会有无限可能。

幸福，往往就在你遇到的人、经历的事以及拥有的时光之中。别纠结，过去的就让它过去；耐心些，再给时间点时间。当你不曾辜负时光，便能笑着迎接未来。

（《人民日报》夜读版，2024年4月19日刊）

| 任务拓展 |

每日三件好事

"三件好事"练习能有效减轻抑郁症状，提高幸福感和心理健康水平，是积极心理学的干预手段之一。"三件好事"源于著作 *Flourish*（中文译名：《持续的幸福》），是指在入睡前记录下一天中发生的三件感到舒服、快乐、感恩或者进展顺利的小事。研究发现，"三件好事"参与者在坚持6个月的练习后，幸福指数平均比对照组提高5%，抑郁指数降低20%。

注意事项：

1. "三件好事"中的"三"是虚指，如果你想起更多的好事，也可以多写一些，但不要少于三件。

2. "好事"不一定是"惊天动地"的大事，可以是我们身边微不足道的小事，可以是让自己觉得或快乐，或有意义，或感动的事，或某些事情的积极面。比如自己养的花开了，读到了一句感人的句子，失败中获得的宝贵经验等。

3. 当你发现自己专注于负面情绪，请尝试将注意力重新集中在好事和随之而来的积极情绪上。这可能需要努力，但通过练习会变得更容易，并且可以真正改变你的感受。

任务三　追寻心灵之美——书写一本感恩日记

情境引入

心灵美是人的精神世界的美，是人本质力量的彰显。作为一种永恒价值，它已不再是仅以高尚的道德情操为衡量标准的传统心灵美，它更是一种生命的情怀，是一种自由的境界，是一种饱含情感的人性美。在我们物质生活愈加富足的今天，我们更加需要反观自己、反省自己、反思人性，而不应在物欲中迷失自己，迷失本心，要让心灵之美引导我们更好地实现自我价值。

作品赏析

感恩作为心灵美不可或缺的一部分，对个人成长发展至关重要。请你做一个感恩练习，学做一本感恩日记。

问题驱动

1. 能否分享一个你经历的体现心灵美的事例？

2. 有人认为心灵美就是善良，你是如何理解心灵美的？

3. 心灵美是可以养成的，你有哪些小技巧呢？

知识视窗

自古以来，心灵美是常为人们讨论的话题之一，它看似简单，却又难以完全说清言明。心灵美也常被称作"精神美""内秀""内心美"等，主要指人的精神世界的美。西方早在古希腊时期就将内在美与外在美的和谐统一作为美的标准，而中国也早在先秦时期就开始了对心灵美的探索。心灵美对于我们的人生价值与生命价值都有着重要作用，因此，我们应该深入剖析心灵美的意蕴，以求更好地实现自我价值。

一、心灵美思想的形成

（一）西方心灵美思想

要追溯"心灵美"一词的根源，大抵应从古希腊说起。古希腊柏拉图曾说，"心灵的优美与身体的优美谐和一致"是"最美的境界"。从这里，心灵美的概念便产生了。柏拉图追求身与心的优美与和谐，认为和谐是美。而在他之前的毕达哥拉斯则认为，"人有好的灵魂便是幸福的"，这种对灵魂幸福的向往，亦是对心灵美的一种表达。德谟克利特曾说："身体的美，若不与聪明才智相结合，是某种动物性的东西。"可以看出，德谟克利特将这种心灵美看作是人之为人的条件，是人具有人性的表现。作为柏拉图的老师，苏格拉底认为，不该"只注意金钱名利，而不注意智慧、真理和改进你的心灵"，显然苏格拉底将心灵美作为人生的重大议题进行了强调。

（二）中国心灵美思想

在中国，传统的中国哲学与美学中虽未提出过心灵美的概念，但心灵美的思想却贯穿于中国哲学与美学的始末。儒家美学以孔孟为代表，孔子以"仁"作为基础，分析和解决关于美的问题，为儒家美学奠定了坚实的理论基础。他将"诗""乐""艺"看成是实现"仁"的一种手段，认为对各种技艺的熟练掌握，必须要以"仁"为依据，因此，我们可以说孔子所塑造的君子所具备的特征，就是他所认为的心灵之美所具有的特点。以老庄为代表的道家，认为时刻保持内心的宁静与清澈是极为重要的。老子说要"涤除玄鉴"，即要人们摒弃杂念、欲望，抛开分别之心、利害之念，以彻底纯净的心来感受美、体悟道，也只有保持这样纯粹清澈的心灵，才能悟道。由此可以看出，孔孟儒家以伦理道德为依托，塑造圣人君子，以此为美，他们更为关注的是心灵的品质，并以此作为衡量某人心灵是否美的标准和准则。但是，道家更重视心灵所能达到，或者说所能创造的一种境界，是一种既静又净的境界，这样的心灵之美，人们似乎更难到达。因此，从古到今，儒家关于心灵美的观点更加深入人心，为人们所接受。

二、心灵美的内涵

美学家宗白华曾说过："如果你在自己心中找不到美，那么你就没有地方可以发现美的踪迹。"莎士比亚也说过："赢我之爱情者，在妇人之诚挚，不在容貌之美。"的确，相由心生，外在容貌的美丑，往往也受心灵影响。而要做到心灵美，首先要明确心灵美的内涵。主要包括以下几点。

（一）高尚的道德情操

这一点与中国传统儒家所说的心灵美是相一致的。孔子对于他心目中的理想人格——君子，提出了很多具体的要求，如"君子周而不比，小人比而不周"，这是说君子合群而不与人相互勾结，小人则与人勾结但不合群，表明了君子具有为人公正、无私、刚正不阿的美好品质。又如"君子坦荡荡，小人长戚戚"，是讲君子心胸宽广，坦荡能容，不计个人利害得失，而小人斤斤计较，心胸狭窄，常常忧愁缠身。还有"君子成人之美，不成人之恶。小人反是"，是说君子甘心做成全别人的好事，不愿帮助别人作恶，而小人则相反。从《论语》中，我们不难看出，孔子对于君子的要求是非常全面的，但总体来说，是要求君子做到"仁""义""礼""智""信""勇""艺"等方面，要求其具备以上素质，成为公正坦荡、胸怀宽广之人。

高尚的道德情操包括的内容很多，大到爱国精神、民族精神，小到个人的宽容、公正、为人友善等，它们都是心灵美的体现，是人性美的体现。也许会有人说，道德情操应该归为"善"而非"美"。虽然善与美是两个不同的领域，可是，没有哪两个领域是真正、完全的分开而孤立存在的。我们承认心灵的美不等同于心灵的善，但是也不得不说，这种心灵的善确实存在于心灵的美之中，它们之间是有部分交集的。正因如此，还有学者提出，心灵美是真善美的统一。这样的说法不错，但是也并不完整。实际上这只是心灵美内涵的一部分，真正的心灵美远远不止这些。心灵的提升需要道德，但是仅仅凭借道德的具备与提高，还不能完全到达心灵美的境界。

（二）心灵美是一种精神境界

一张洁白的纸，空空如也，什么也没有，多才的画家用它画出了美丽的少女——蒙娜丽莎。一个丑陋的石头，手巧的雕塑家用它创造出美少男大卫。一个简单的乐器，甚至扫把、拖鞋，聪明的音乐家可以用它演绎一首令人心旷神怡的乐曲。

美丽的心灵可以创造一切的美，甚至可以变不美为美。烈日炎炎，一望无际的沙漠上死一般的沉寂，飞沙与走石在这跳舞，张狂地呼啸。对生命仍存希望的求生者摸了摸身上仅存的半袋水，非常高兴，因为他还有半袋水。他并不因为仅剩的半袋水而丧气，却为之欢快，因为他有一颗美丽的心，一颗存有希望的心，只要不放弃，就有机会。

美丽是可以创造的，在任何条件下都可以，只要你具有一颗宽敞的心，一个不拘小节的心，一颗美丽的心，便可以创造心灵美的精神境界。

（三）美在有情

美是带有极强感情色彩的字眼，美学也是一门研究感性的学科，审美体验、审美活动等，也是与情感和心理感受息息相关的。心灵因何而美，美在有情。我们常说"心疼""心软"，究其原因，都是因为人心中有情。作为人，我们生活在社会中，扮演着多重社会角色，而丰富的情感也就在扮演的每一个角色中展开。"独在异乡为异客，每逢佳节倍思亲""谁言寸草心，报得三春晖"，这样的亲情令人难忘；"海内存知己，天涯若比邻""结交在相知，骨肉何必亲"，这样的友情让人珍视；"忆君心似西江水，日夜东流无歇时""从别后，忆相逢，几回魂梦与君同"，这样的爱恋令人感怀。人们囿于情，也非于情，情感是难以摒除掉的人性之一，当然，也正是因为它的存在，我们才能发现人性的光辉。

另外，人与自然之间也存有情。"我见青山多妩媚，料青山见我应如是。情与貌，略相似"，从中可以看出，我们对待自然，并非将自然之物看作是冷冰冰的物体，而是将自身的情感赋予它，让它与之交流，情感得到释放。人源于自然，同频相期，这是一种生命的情感，是一种生命的共鸣。

心灵之美更重要的是回归本心，回归自然，回归本性。因为有了情，美才能鲜活地与我们碰撞，才不会沉寂如死灰，才不会形同枯槁。罗丹说："美是到处都有的。对于我们的眼睛，不是缺少美，而是缺少发现。"同样，心灵美中的情，就是发现美的一种必要手段和必要条件，只有与心灵情感碰撞，我们才能感受美，感知美。

三、心灵美的意义

（一）心灵美是感受美、品鉴美的基础

心灵美是人本质的美，这种美发源于人的心灵，心灵是"灵"与"肉"的结合，"肉"有限，"灵"无限；"肉"标志着人的"自然"，"灵"则标志着人的"自由"。"心灵"，是灵肉的合一，也是自然与自由的合一。因此，心灵美是关乎灵与肉的美，是本质的美。我们只有拥有了心灵美，才能去认识更多的美，欣赏更多的美，它是感受美、品鉴美的基础。

（二）心灵美有助于实现人生价值

心灵美所到达的自由境界以及对生命的感悟，对于实现人生价值和生命价值有重大意义。透彻地了解心灵美境界的内涵，有利于我们更为深刻地理解生命与自由，其根本就是回归本心、回归人性、回归自然。当然，回归本心，并非只为个人而活，更不是只为追逐物欲享受而活，在生活中失去了自我，变得随波逐流，找不到人生的意义、生命的意义，这一生就浑浑噩噩、庸庸碌碌地混过。这样的人生并不是我们想要的，我们想要的是不虚度时光的、积极向上的人生，而达到心灵美的境界，就可以实现这样的人生，实现自己人生和生命的价值。

（三）心灵美有利于实现自我成长

达到心灵美的境界可以让我们不断地认识自身、反思自身，发现自己更多的价值。达到心灵美境界的过程，就是认识自身、反思自身的过程，追求内心的无尘杂，追求内心的清净。从中可以发现真的自己，实现自我的成长。

四、塑造心灵美

一个人的生活不仅是外在的，也是内在的。个人品性的核心就是价值观，正是价值观成就了一个人。人们对自己内在的价值观越清楚，外在的行为就越明确、越有效。若把个人品性想象成一串同心圆，那么个人品性的五个层面，由内而外分别是价值观、

图7-5　个人品性的五个层面

信念、理想、生活态度、行为，如图7-5。一个人的外在行为，最终会反映在他/她的内心价值观、信念、理想和生活态度。这也就是说，一个人的成就更多地取决于一个人的内心世界，而不是其他因素。

要达到心灵美的境界，其途径就是：回归本心，回归人性。要做到回归本心、人性，就要求人们做真正的自己，按照本性去生活，按照本心去生活。本心、本性，是最纯朴的自己，但是我们往往也总在纷繁复杂的社会生活中迷失它，因此要找到本心与本性，就要卸掉周身的包袱，摒除各种干扰和成见。具体可以从以下几方面做起。

（一）培养内在修养

要注重价值观的塑造。通过阅读、学习和思考来提升自己的知识和智慧。培养一颗纯净、善良的心，发展正确的道德观念。

（二）注重情感的建立

关注自己与他人之间的情感交流，培养同理心和宽容心。学会正面应对负面情绪，保持积极心态，保持乐观向上的生活态度。

（三）学会爱与感恩

爱和感恩让人一生受益，也会让一个人的魅力大增。爱是一种给予，是一种责任，是一种善良，更是幸福的源泉。我们要懂得爱，爱自己的同时也要爱别人。当我们被爱时，要懂得感恩，懂得如何去回报他们。感恩是爱的一种表达方式。如果常存感恩之心，把爱传递给每一个人，那么人生中的积极情绪就会长盛不衰，心灵就会得到滋润与愉悦。心灵美，人生才会更美。

任务实施

书写一本感恩日记

步骤1：准备一个漂亮的日记本。选择一个你喜欢的本子，可以是可爱的、简约的，或者带有特殊意义的。

步骤2：每天选择一个固定的时间来写感恩日记，首先写下今天发生的主要事件，然后写下令你感到感激的事情或人，可以包括家人、朋友、同事、宠物等，甚至是对陌生人的善意行为表示感激，并具体描述令你感激的具体事情或行为。在记录完每件事情后，简单地表达你的感激之情。最后，写下一句鼓励自己的话，例如"明天会更好"或者"我会越来越幸福"。

最后，记得要坚持下去，养成写感恩日记的好习惯，让感恩成为你生活的一部分。

作品展示区

📊 知识图谱

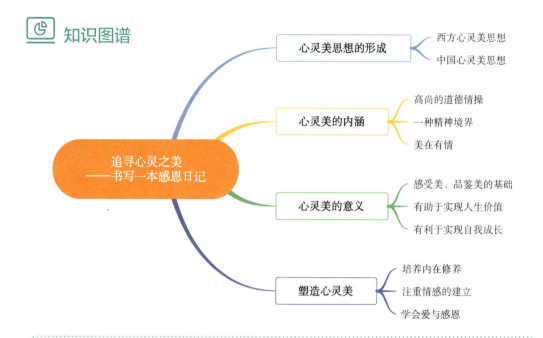

追寻心灵之美
——书写一本感恩日记

心灵美思想的形成
- 西方心灵美思想
- 中国心灵美思想

心灵美的内涵
- 高尚的道德情操
- 一种精神境界
- 美在有情

心灵美的意义
- 感受美、品鉴美的基础
- 有助于实现人生价值
- 有利于实现自我成长

塑造心灵美
- 培养内在修养
- 注重情感的建立
- 学会爱与感恩

| 拓展阅读 |

人生之美：平和心态，保持内心的善良

作家王朔说："同善良人交往，不是图他可以好到什么地步，而是他不会坏到什么地步。人与人的交往，首先需要的是安全感，然后才是成就感和愉悦感。"

当你愿意帮助别人的时候，别人也会以真心对待、付出真情作为回报。

因为别人的善良会给你安全感，你的眼中就会多一些美好。因为善良是一种美德，我希望自己的善良，也能被他们所感染。

对人对己都是如此，人心柔软，只要你善待"它"，那你就一定可以从中获得快乐与温暖。

若是每个人都献出一点温暖，世界就是温暖的人间，如果所遇之人都善良，那么，你的世界也会柔软许多。

精简社交，遇到善良的人是你的幸运，因为他不坏就可以了。那么，在获得安全感，让自己愉悦和感动的同时，自己该怎么做呢？

那一定就是要做一个生命有光的人，为别人引路，给自己温暖，表面上吃亏了，其实是汇聚了更多的福气。

所以，人生之美，就是要懂得，不管多落魄，都别忘记你的善良，别忘了感恩别人的善良及对你的帮助。

| 任务拓展 |

大学生的未来拥有无限可能，你计划如何度过一段美丽的人生呢？下面请同学们通过个人规划，为自己编织一段幸福的未来。

一、活动名称

畅想未来人生。

二、活动主旨与意义

同学们通过对自己未来人生的规划，将对于美丽人生的期许融入其中，并感悟人生之美。

三、活动内容

同学们至多利用一节课的时间完成本次活动，活动内容如下。

1. 拿出一张白纸，在上面列出自己的人生规划，包括未来理想的工作、最期待的旅游计划、理想生活方式等。尽量规划出自己理想未来生活的全貌，细节越丰富越好。

2. 全班同学匿名交换人生规划进行阅读，看看大家对于未来的理想生活有什么不同的见解。交换可以进行多轮，然后根据新感悟，更新自己的未来规划。

3. 试着用一段话甚至一句话来概括自己未来的理想人生。在未来的学习生活中，请珍视并铭记这段（句）话，以实际行动创造人生之美，过上美好生活。

参考文献

图书类

[1] 黄高才.大学美育［M］.北京:北京大学出版社,2018.

[2] 黄作林,丁月华,马健.大学美育二十讲［M］.重庆:重庆大学出版社,2022.

[3] 陈锋,赖兴才.大学美育［M］.北京:北京邮电大学出版社,2021.

[4] 庄维嘉,张春田.大学美育(微课版)［M］.北京:人民邮电出版社,2023.

[5] 苗广娜,吴雁,刘怡涵.中国民俗文化［M］.成都:电子科技大学出版社,2014.

[6] 黄能馥,陈娟娟.中国服饰史［M］.上海:上海人民出版社,2004.

[7] 周锡保.中国古代服装史［M］.北京:中央编译出版社,2011.

[8] 黄元庆.服装色彩学(第5版)［M］.北京:中国纺织出版社,2010.

[9] 张梦.美丽是一场修行［M］.北京:中国商业出版社,2023.

[10] 李书玲.优雅人生,从形体礼仪开始［M］.长春:吉林出版集团股份有限公司,2022.

[11] 谭冰,薛定刚.化妆技巧与形象设计［M］.长春:东北师范大学出版社,2020.

[12] 王文章.非物质文化遗产概论(第四版)［M］.北京:高等教育出版社,2023.

[13] 远宏,邹晓松.淄博窑［M］.哈尔滨:黑龙江美术出版社,2017.

[14] 郑日昌.大学生心理健康——自主与自助手册(第2版)［M］.北京:高等教育出版社,2017.

[15] 余国良.大学生心理健康［M］.北京:北京师范大学出版社,2018.

[16] 夏翠翠.大学生心理健康教育(第2版)［M］.北京:人民邮电出版社,2019.

［17］何元庆，全莉娟.大学生心理健康教育［M］.北京:高等教育出版社,2019.

［18］喻立平，江畅，徐瑾.大国之魂:中华优秀文化通俗释讲［M］.武汉:崇文书局,2022.

［19］王力.中国古代文化常识［M］.北京:北京联合出版公司,2014.

期刊类

［1］孟凡生.论生活美学对现代美学的突破［J］.中州学刊,2017(9).

［2］殷乐.数字时代青年的生活美学及价值追求［J］.《人民论坛》,2023(17).

［3］路亭.回归"本源"的大学美育路径探析［J］.黑龙江高教研究,2024,42(03).

［4］林斌.基于色彩心理学研究的高校校园环境色彩设计——以福建信息职业技术学院平潭校区为例［J］.《福建建材》,2024-01-20.

［5］孙刚.生命美学视域下中国武术审美文化探索［J］.武汉体育学院学报,2015(49).

［6］郑卓.新媒体环境下的大学生主观幸福感研究［J］.吉林省教育学院学报,2021(37).

［7］王雅丽.提升大学生主观幸福感的对策研究［J］.秦智,2023(4).

［8］冯至，李晨杰."00后"大学生主观幸福感影响因素及提升策略［J］.黑龙江科学,2022(13).

［9］冯梦娟，范睿.新时代大学生幸福感探究和提升:基于积极心理学视角［J］.国际公关,2023(2).

［10］田倩倩.积极心理学在大学生幸福感教育中的应用分析［J］.山西青年,2022(18).

［11］李勇.美学视域中的心灵美［J］.理论导刊,2010(04).

［12］王莹.心灵与美学的触碰——社会人性美中的审美艺术［J］.科教文汇(上旬刊),2011(25).

［13］骆冬青.心灵美学绪论［J］.南京师范大学文学院学报,2011(01).

［14］陈之秀.笔尖上的美食　舌尖上的乡愁——专访著名财经作家、美食家余胜海［J］.食品界,2022(11).

其他文献

［1］中国艺术研究院建筑与公共艺术研究所.中国传统木结构建筑影响深远［N］.人民日报,2022-04-02(07).

［2］刘厚萍.中小学学校空间变革研究［D］.华东师范大学,2019.

［3］李树柏.浅析纪念场馆展陈设计的几大要点［N］.中国旅游报,2017-01-13.

［4］乡村民宿艺术设计中文化传承与地方发展的关系［N］.光明网,2023-12-04.

［5］冉梦莹.基于品牌识别的服装产品色彩设计研究［D］.中原工学院,2020.